奋斗者

——王蓓创业风云录

◎ 阿 兰 著

浙江工商大学出版社 | 杭州
ZHEJIANG GONGSHANG UNIVERSITY PRESS

图书在版编目(CIP)数据

奋斗者:王蓓创业风云录 / 阿兰著. —杭州:浙江工商大学出版社,2020.3

(新甬商丛书 / 曹云主编)

ISBN 978-7-5178-3391-8

Ⅰ. ①奋… Ⅱ. ①阿… Ⅲ. ①王蓓－传记 Ⅳ. ①K825.38

中国版本图书馆 CIP 数据核字(2019)第160583号

奋斗者——王蓓创业风云录
FENDOUZHE ——WANGBEI CHUANGYE FENGYUNLU
阿 兰 著

责任编辑	唐慧慧　谭娟娟
封面设计	林朦朦
责任印制	包建辉
出版发行	浙江工商大学出版社
	(杭州市教工路198号　邮政编码310012)
	(E-mail:zjgsupress@163.com)
	(网址:http://www.zjgsupress.com)
	电话:0571-89995993,89991806(传真)
排　　版	杭州朝曦图文设计有限公司
印　　刷	杭州宏雅印刷有限公司
开　　本	710mm×1000mm　1/16
印　　张	78
字　　数	1048千
版 印 次	2020年3月第1版　2020年3月第1次印刷
书　　号	ISBN 978-7-5178-3391-8
定　　价	268.00元(全五册)

甬商：做知行合一的践行者

宁波素有"儒商摇篮""商贾之乡"之称，是一个历史悠久、人文荟萃、工商发达的港口城市。商贸的发展需要天时地利人和，更离不开文化的滋润。宁波发达的商业文明既得益于得天独厚的地理环境，更受益于人杰地灵的地域文化。明清以来，宁波有开全国风气之先的浙东文化，其中最有代表性和影响力的便是阳明心学。

王阳明是宁波余姚人，知行合一、"致良知"是他的主要论述。在王阳明思想的基础上，黄宗羲又提出了"经世致用"学说，加上早在南宋时期发端于浙东大地的永嘉学派提出"工商皆本"的思想，这些都极大丰富和拓展了浙东人民对经济社会发展规律的认知，为宁波商帮的兴起奠定了重要的文化基础，为江南经济社会发展提供了重要的思想资源。

无论是主体自觉、致内在良知的根本方法，还是知行合一的实修工夫，都在倡导自主进取、务实诚信的文化价值取向。而对于王阳明出生地的宁波，更是近水楼台先得月，向阳花木易为春。在知行合一思想的影响下，诞生于这片土地上的商人逐渐成长为一支极其特殊的商业力量——既有商人的创新冒险精神，又不失儒生的道德理想追求。可以说，知行合一既为甬商精神特质的形成提供了最直接的营养，也成为始终流淌在甬商血液中最重要的基因。这正是甬商绵延300余年而不倒的关键所在。

　　300多年来,甬商代代传承。民谚曰:无宁不成市。有商贸繁荣之地,就有宁波人,就有甬商。明代末年至今,大批宁波人秉承知行合一的精神,怀着对美好未来的憧憬,从甬江口跨越杭州湾,从东海之滨驶向世界各地,背井离乡到万水千山的远方创业谋生。他们的身体力行不仅促进了各地的货物贸易,繁荣了当地经济,也把商业文明的种子撒向神州大地。300多年来,甬商经历了从形成、崛起、辉煌,到转折、复兴、传承的历史轨迹,书写下六代甬商不一样的商帮传奇。

　　在中华人民共和国成立70年的岁月里,甬商作为促进宁波发展的重要力量,在各自领域勇于开拓,不断创新,为经济社会发展做出了巨大贡献,谱写了辉煌的时代篇章。改革开放40年是中国经济步入世界经济版图的40年,甬商从全球卖到全球买,为中国制造赢得了世界性的荣誉,并留下了独一无二的宁波印记。一批批民营企业在宁波崛起,一批批工商领袖在宁波诞生。在知行合一思想的激励下,他们践行经世致用、实干兴邦的历史传承,无论是300年、70年还是40年,一直在我国工商业发展中走在前列、勇立潮头,始终屹立在中国商界,并不断传承向前发展。

　　浙江省委副书记、宁波市委书记郑栅洁用四个"知",即知行合一、知难而进、知书达礼、知恩图报,为宁波人和甬商画像。每一个宁波人,或许都能在"四知"中找到个体对于这个风云时代现实问题的思考答案,但对于甬商而言,"四知"却恰恰是最能体现300余年甬商精神的内涵所在。甬商的家国情怀、创业创新一直是推动宁波发展的重要力量,是展现宁波风采的亮丽名片。在他们身上,我们看到了宁波独特的精神气质。甬商的"四知"精神,已然成为所有宁波人干在实处、走在前列、勇立潮头、永无止境的新坐标。

　　为了把知行合一思想在甬商身上的体现进行归纳和梳理,我们从2012年开始就不间断地编撰和出版新甬商系列丛书,目前已出版三辑共12本。在这一辑"新甬商丛书",我们聚焦"四知"精神,通过对甬商人物的观察采访、生动曲折的创业故事、商帮工作的感悟,来展现甬商作为

"知行合一践行者"的风采。同时也将甬商精神和创业经验,通过图书的形式记录下来、传承下去,让年轻一代的甬商能够学习老一代甬商的创业精神,使甬商精神能够代代相传,发扬光大。

企业兴则国家兴,企业强则国家强。甬商以知行合一的实干精神,创造了许多商业传奇,造就了时代的风云变幻。站在新时代的起点,我们希望通过对甬商群像的描述,来记录作为"知行合一践行者"的甬商的不同侧面;让这些活生生的甬商人物、他们的创业故事和背后的精神世界,来展现知行合一的独特魅力,以及甬商的情怀、坚韧和智慧。

是为序。

范 谊

宁波市甬商发展研究会会长

第十、十一届全国人大代表

第十二、十三、十四届宁波市政协副主席

ENDOUZHE WANGBEICHUANGYE
FENGYUNLU

F 目录

第九篇　诚信创业

第十篇　商海风云

第十一篇　叶脉在长

第十二篇　鹤顶朱圆

第一篇　血脉连根

一个人从离开娘胎的那一刻起，就有了生命之根。不论富贵，还是贫穷，在生你养你的这一方土地上，都留下了深深的印记。无论走得多么遥远，离开得多么长久，家乡的根总是牢牢地系在你的心里，而且越是长久，系得越紧。每个人都有属于自己的根，一生难以忘怀。

难忘故乡

一方土地养育一方人。一个昔日贫困的小山村，磨砺了一代又一代的人。王蓓从小生活在一个贫苦的家庭，经历了半个多世纪的磨砺，从一个普普通通的山村农家女孩，蜕变成一位资产过亿元的成功企业家。这样的人生历程，在她的家乡——奉化白杜税务场村里，至今无第二人。她的人生看似平平淡淡，但一路走来，又是那么的曲曲折折。她的人生，像是一曲凄凉的悲歌，又像是一曲催人奋进的凯歌。

一个人有多少个20年。从王蓓的人生历程来看，她已经走过了人生前3个20年，从苦难的童年时期走来，又走过不平坦的求学之路；在苦干加实干的青年时期，一路奋斗，敢于担当，从一个普通的苦工锻炼成富有挑战精神的厂长,留下了不寻常的人生轨迹。王蓓一路走来,是那么的心酸,是那么的坎坷,经过10年又10年的反复磨炼,炼就了自强不息的意志和吃苦耐劳的品性。她经历了多个中国特殊的历史时期,这些给她留下了终生难忘的印记,或多或少地影响了她的人生轨迹。一个人往往是难以预测自己的前程,也无法预先划定自己具体的人生目标。王蓓的创业成功,也是她预先未知的。她只身一人,横跨半个地球,前往美洲古巴,整整奋斗了20个春秋,终圆儿时自强自立的人生梦想。一个女子,在离家乡这么遥远的地方奋斗,面对艰苦的环境,只要看到希望,就决不放弃自己的坚定信念。

中国历来是恋乡情结最重的国度,王蓓身为中国人也不例外。加勒比海虽然有赏心悦目的蓝天碧海,但每当夜深人静之时,遥望星光明月之际,身在异国他乡的王蓓,时时会想起远隔万里的故乡——奉化。王蓓只身孤影地站在哈瓦那的海岸线上,遥望天际,点点船影在湛蓝湛蓝的海面上漂浮着,显得那么的空旷;回望眼前,面对结伴而行的外国人,浓浓的乡情自然而然地涌上心头。

月亮总是故乡明啊!"我到了该回家的时候了!"王蓓身在异国他乡的时候,心里时常装着故乡的念想。她在心里已经不止一次这样地对自己说。2007年的一天,王蓓从加勒比海西北角,与美国南大门隔海相望的古巴飞回久别的故乡——宁波奉化。这一次,与以往不同,她决定在生她养她的故里再一次落地生根,以港籍人士的身份,投资创办真正属于自己的公司。

回想奉化的一草一木,王蓓的记忆历久弥新。

奉化位于中国浙江东部,象山港畔,今属于宁波市一个行政区域,陆地面积约1277平方千米,海域面积约96平方千米,海岸线长约61千米,岛屿24个。奉化的山水分布很有特点,可用十个字来概括:"山多西南来,水多东北去。"奉化东部沿海,中部平原,西部山地。溪河盘旋,地形复杂。西部处天台山脉与四明山脉交接地带,多高山峻岭,境内最高峰为黄泥浆岗,海拔976米,真可谓"山多西南来";而东北部地势平坦,河网纵横,土地肥沃,属宁奉平原,是水稻和经济作物重要种植区,故为"水多东北去"。沿象山港尚有小块狭长低平地带。河流属山溪型,剡江、县江和东江俱源于西南山区,循山而下,流归东北部,至方桥同入奉化江,为潮汐所吞纳。东南部10余条小溪流独注象山港。奉化的地貌特征可用"六山一水三分田"来概括。

王蓓孩提时期的家就在奉化白杜的一个自然村落,村名叫税务场村。据王蓓回忆,当时该村只有七八十户人家,几百口人。村子周边溪流潺潺,沿村落从西向东流过,郁郁葱葱的山丘环抱四周,十分宁静,偶尔飞过的小鸟叫声显得格外清脆。王蓓难忘的童年就是在这里度过。她在村子里的小学读了5年半的书,后到白杜中学读完两年初中,再到奉化文武中学就读,直到高中毕业。

虽然王蓓在大洋彼岸生活了20年,但年轻时的记忆仍历历在目。2016年11月的一天,王蓓带

这是税务场村连接外界的一条通道

着作者来到她小时候生活过的村落,用手指了指正前方最高的一座山说:"这就是金峨山,从白杜村直接穿过去,通过几百米长的古道,就能来到此山脚下。"

"旧村改造进度很快,一大批老房子已被拆除,村民们纷纷住进了宽敞亮堂的山间楼房。"她特意陪作者来到她孩提时期曾居住过的地方,虽已看不到小时候住的那几间破旧的老房子,但还特意指着尚残留的一段墙体说:"那时候,我家的墙都是用这样的小石块和旧瓦片砌成的,看到这些石头和瓦片,就会想起小时候的家。"看着尚存的旧村落,看着这里

的一砖一瓦,王蓓的内心极不平静,脑海里极速地翻腾。看到过去破旧的山村正在逐渐消失,一个现代的崭新农村正在快速建造之中,王蓓的内心怎能不感慨万千?

税务场村很小,当时隶属白杜乡。而说起白杜,不得不说古时候的奉化。在秦汉时奉化属鄞县(今宁波市鄞州区),晋至隋先后属句章县、鄞县。唐开元二十六年(738)析鄞县置奉化县。县名由来,有三种说法:一说,唐代明州的郡颇为奉化郡,以此为县名;一说,以"民皆乐于奉承土化"而得名;一说,来源于县东奉化山。

据史料,春秋时今奉化地属越国,战国时属楚国。秦王政二十五年(前222),属会稽郡鄞县,县治设白杜里。这里所说的白杜里,就是当今的奉化白杜村。王莽始建国元年(9)改鄞为谨。东汉建武初年复改为鄞。隋开皇九年(589),并余姚、鄞、鄮三县入句章,治小溪。奉化属句章县。唐武德四年(621)析句章为鄞、姚两州,下不设县。奉化属鄞州,州治三江口。唐武德八年(625)废鄞州为鄮县,治小溪,隶越州。开元二十六年(738),江南东道采访使齐浣奏请朝廷析越州鄮县地,置鄞、慈溪、奉化、翁山四县;并置明州;奉化属明州,为上县,治所今锦屏街道,境域范围大致与今同。宋时,奉化为望县;元元贞元年(1295)升为州;明洪武二年(1369)复为县,属明州府。明洪武十四年(1381)明州府改称宁波府;清沿明制,奉化属宁波府。

明清时期,资本主义开始萌芽,奉化的土纸、土丝、皮革、打铁、晒盐、竹雕等手工作坊增多。清光绪末年出现私人联营轮船公司,用机动轮载客,商贸集市增至30多个。民国初期,现代工业兴起,食品罐头、针织等先后采用机器操作。《中国实业志》载,奉化皮纸著闻于时,竹雕为奉化所独创,屡获巴拿马太平洋博览会嘉奖。1920年起,电报、电话等现代通信设施先后应用。1926年奉化有了火力电厂。1929年鄞奉公路建成通车,工业生产也开始发展起来,工厂和手工作坊越来越多。1941年4月,奉化被日军侵占。抗日战争结束后,内战又起,社会动荡,自然灾害频仍,大批人离乡背井,出外谋生,生产力遭到严重破坏。至1949年,工厂和手工作坊由原来的 200 多家猛减至 70 家,工业产值也由高峰期的 1300 多万元减至 600 多万元。

如今的奉化白杜已属一个行政村,隶属西坞街道,由 6 个自然村合并,据 2015 年的统计数据,西坞街道总户数 1294 户,人口 4982 人,其中外来人口有 1624 人,税务场村是其中的一个自然村。

王蓓是土生土长的奉化白杜人,说起城隍庙上梁法会仍然印象清晰。每当八月初一,奉化白杜城隍庙上梁法会非常隆重,政府各级官员、著名企业代表、各村委会代表及当地百姓都会参加,人次能达到好几千,是历来奉化风俗活动参加人数最多的。上梁法会曾出于历史原因清静过一段时期,近几年又开始热闹起来。当地百姓期望通过上梁法会,祝愿奉化经济日益增长,百姓生活越过越好。说起奉化城隍庙上梁法会,现在的年轻人不一定清楚,但上了年纪的人大都知道此事。

地处宁波市海曙区的城隍庙可谓家喻户晓,但是宁波老城区的人不一定知道奉化白杜也有一座城隍庙;而且它的历史要比宁波海曙的城隍庙还要早 800 多年,是宁波市范围内现存最古老的城隍庙。王蓓说,这座古城隍庙,坐落在奉化白杜的前头门,至今已有 2000 多年的历史。2014 年,白杜老年协会发动广大民众开始对城隍庙进行重新修建。那时,城隍庙两边的厢房被鉴定为危房,必须拆除。村里经过商讨,决定把城隍庙的重建,跟农村文化礼堂建设相结合,打造一个富有特色的新礼堂,更好地传承代表古村落历史和文化的"城隍精神"。

如今的奉化已形成了电子通信、服装服饰、机械制造、医药化工、食品加工等产业体系,船舶制造业和汽车整车制造及零配件产业已有一定规模。奉化还是个旅游名城,拥有著名的溪口雪窦山等众多景点,还有闻名中外的"全球生态 500 佳""世界十佳和谐乡村"——滕头村。奉化山清水秀,生态优美,森林覆盖率 62.6%,常年有 300 多天空气质量达到国家一级标准。

2007 年,王蓓带着漂洋过海拼搏 10 年积累下来的"第一桶金",经过考察,得知服装服饰已成为奉化区域经济中强势企业的龙头,而且社会分工不断细化,加工水平不断提高,形成了产业集聚。当年,王蓓就在奉化三横开发区投资开办了一家工贸一体的宁波丘盛服饰有限公司。天时地利人和,王蓓带着割舍不断的浓浓乡恋,回到家乡投资创业,这不仅得到了地方政府的大力支持,也得到了众多亲朋好友的鼎力相助,更或多或少地沾上了家乡人力资源的优势,充分利用了故乡的人脉资源。

奉化境内人文和自然景观交融。就在这一方风景优美的净土上,王蓓开始真正进入一个属于自己的创业时代。

王蓓有位故交名叫施祥龙,曾是全国纺织行业500强——宁波针织衫厂的厂长,他说起王蓓十分干脆:"王蓓的成功就靠这四个字:'毅力诚信'。"王蓓的创业成功果真像施先生所说的这样吗?她究竟具有怎样的"毅力",让她的事业逐渐兴旺起来?她的"诚信"又是如何在经商过程中逐渐树立起来的呢?让我们一起带着问号,从王蓓的童年时代说起。

寻宗问祖

华夏文明传承了数千年,是世界上唯一没有断代的文明。家国情怀是华夏文化的根基所在,血脉宗亲是国人繁衍生存的文化基因。

揭开历史的迷雾,总能感受血脉传承的磅礴张力。随着历史年轮的滚动,纷繁复杂的宗族发展构成了强大的家国。中国历史是由无数宗族繁衍史构成的,家族发展是中华文明发展的细胞。寻根问祖,是华夏特有的一种文化现象。

"游子寻根满愁绪,一朝故土热泪归。"

王蓓从小在奉化税务场村长大,1997年远涉万里之遥的美洲古巴,打拼了整整20年。如今,事业有成,回到故里,投资兴业。

"我姓从何而来,始祖何人,王氏家族究竟是怎样演变的。"王蓓对自己的宗族历史知之甚少,心里一直藏着一探究竟的渴望。2017年8月初,王蓓一行3人来到了生她养她的那块土地——奉化税务场村,从纷繁复杂的历史中开始寻觅姓氏之根。

一进村子,恰好碰见王氏家族的"族长"。"族长"叫王汝英,1930年出生。他虽然从来没做过族长,却是村子里唯一健在的辈分最高的人。村民们想了解过去的事情,都会去找王老。王老也因此被村民们尊称为"族长"。

王汝英虽年事已高,但精神状态很好,满脸红光,谈起过去的事来,声音响亮有力,思路十分清晰,只是耳朵有点背,交谈的时候说话的声音要大一点。

王老至今仍住在老房子里,这里四周还是一片老式的瓦房,在瓦房之间的阴凉地,有10多位老人坐在竹椅上不知在说些什么。王老虽然有88岁了(宁波人习惯按虚岁计算年龄),但身体很健康,现在还是村委会的成员之一,负责王氏家族的档案管理,平时还自己动手在修撰王氏族谱。在"族长"王老的陪同下,王蓓一行来到村委会办公室。靠室内的一面墙前,有一个老式大木橱,上面叠着一只老式的大木箱。

"族谱就放在上面,请把它拿下来。"王老指了指木箱说。移开木箱的一块盖板,看到里面叠放着一本本又大又厚的王氏族谱,线装的本子,差不多与对开日报一样大。翻开其中的一本封面,宣纸上是一个个用毛笔书写的楷体字,十分端正。这样的本子共有七大本,上面详细记录着税务场村王氏家族的历史。

从族谱中,王蓓终于知道了自己的祖先是谁。第一本族谱上,如是记载:"第一世,范府君,字起围,仕至刺史,任明州刺史,光宗公十四世孙,侍郎万二公孙,宋光禄大夫,全智公长子配鲁氏夫人生二子。"

王老解释说,税务场村的始祖是王范,明州就是过去的宁波,上面所说的侍郎是刑部主事。族谱上记载的税务场村第一代人是王天琦。始祖王范有一个儿子、三个孙子,王天琦是王范的第三个孙子。税务场村的王氏家族是从王天琦开始算起的。

王蓓的爷爷叫王敬庸,按辈分来算,与如今的"族长"王汝英是同辈,属"敬"字辈,属第一世王范的第25代嫡孙。

"阿庸哥交关结棍(宁波方言:身体非常结实),年轻的时候,能挑起

300多斤的担子，挑石头特别厉害，70岁的时候还能抬起200多斤的石头。"王汝英叫王敬庸为阿庸哥，谈起阿庸哥印象很深。阿庸哥约一米七高，按那时的年代，这样的个子不算矮。他一生务农，练就了一身硬朗的腰板。阿庸哥读过书，因为那时村里有一所免费的学校，叫"务本堂"。

"阿庸哥有三个儿子四个囡，阿娇（长辈对王蓓的昵称）的父亲王叶定就是阿庸哥第二个儿子。论辈分，阿娇叫我公公。"

谈起当时村民的生活，王老说："当时村里的人生活都还过得去。80年前，土地改革的时候，按土地的多少来划等级，共分为地主、富农、中农、贫农还有雇农共五个等级。我和阿庸哥都属于中农，生活还可以。但村里生活富裕的不多，只有两三个人，属地主、富农之类。"

算年龄，王汝英比王蓓的父亲王叶定大4岁，论辈分，王叶定是"兴"字辈。王叶定碰见王汝英要叫阿叔。几百年前，王氏家族开始修撰族谱时，已把辈分排至现在。截取其中一段："德、汝、应、泰、承；子、文、世、际、正；恭、敬、兴、基、业；孝、友、振、家、声……"辈分是如此排列的。

"如今，辈分已排到'友'字辈。阿娇属'基'字辈。"王老做了简单的解释。

税务场村王氏家族始祖是谁已经清楚了，但是渊源何在？知道此事的，在村子里只有王汝英老人。说起王氏始祖从何而来，王老思路十分清晰："这还得从元朝说起。"

始祖王范出生于山东琅琊，后去了山西太原。元朝万宋年间，始祖因战乱逃难南下。

说到琅琊王氏，历史上很有名。琅琊王氏是我国古代顶级门阀士族，晋代四大盛门"王谢袁萧"之首（也有称"王谢桓庾"），是中古时期中原最具代表性的名门望族，素有"华夏首望"之誉称。

琅琊王氏开基于两汉时期的琅琊临沂（今山东省临沂市），鼎盛于魏晋时期，史称"王与马，共天下"。南朝以后走向衰弱。"二十四史"中记载，从东汉至明清1700多年间，琅琊王氏共培养出了以王吉、王导、王羲之、王元姬等人为代表的35个宰相、36个皇后、36个驸马和186位文人名仕。

琅琊王氏家族世代居住于琅琊临沂，西晋末年永嘉之乱时衣冠南渡、举族迁居会稽、金陵。南渡之后，因思念故乡，一直都以北土地名为称呼，东晋元帝时，侨置南琅琊郡（今江苏省南京市）。

元朝是蒙古族建立的王朝，定都大都（今北京市），传五世十一帝，历时98年（1271—1368）。

1206年，成吉思汗铁木真统一漠北建立蒙古汗国后，开始对外扩张，先后攻灭西辽、西夏、花剌子模、东夏、金朝等国。蒙哥汗去世后，引发了阿里不哥与忽必烈的汗位之争，促使大蒙古国分裂。1260年忽必烈即汗位，建元"中统"。1271年，忽必烈取《易经》"大哉乾元"之意改国号为"大元"，次年迁都燕京，称大都。之后，元朝持续对外扩张。

就在那个时期，村务场村王氏家族的始祖王范为躲避战乱之苦，决定举家南下，从山东琅琊到山西太原，又从山西太原逃到了千里之外的明州（今浙江省宁波市），后做了明州刺史。

话说宁波奉化西坞街道税务场村，因该村古为东县要隘，是商贾往来必经之地，宋代设有税务司，负责陆路税务，税务场村因此而得名。王氏的后世曾在此地做过税务官。

王蓓的爷爷小时候在村里读过几年书，但没有儿子读书多。王蓓的父亲在村里的学堂读了整整6年时间。这个学堂就是前文所提到的"务本堂"。那时，生活马马虎虎过得去，哪来的钱读书呢？多亏了这个可以免费就读的"务本堂"。

说起"务本堂"，来历真不小。这是王正廷创办的一所学校。王正廷也是奉化税务场村人，论辈分属"正"字辈，是王氏第23代嫡孙。

"务本堂"3个字原刻在石头上，为中国近代伟大的民主革命先行者孙中山所题。这块石头后来不知去向。"务本堂"其实是一所小学，不仅税务场村的孩子可以免费就读，邻村的小孩来读书也是免费的。当时，在学堂里就读的本村孩子就有四五十个。别小看这所建在山村里的学堂，这可是一所高质量的学校。所有的老师都是大学毕业，这些老师都是王正廷花钱聘请来的。因为王正廷酷爱体育,学堂里除了文化课老师,还专门请来了三位正宗体育系毕业的老师,教学生们如何投掷铁饼、标枪等,还有铁环之类的体操项目,跳高跳远也被列入体育课内容,把奥运会的一些体育项目引入小学的教育课程中。此外,学校里还有当时被称为洋管、洋号之类的铜管乐器,早早地让孩子们接触西洋音乐。

"族长"王汝英之所以对"务本堂"有如此深刻的记忆,是因为他在这个学堂里读完了整整6年,然后又去宁波城里读完三年初中,算是村里高学历的人了。

王正廷是近代税务场村王氏后世中最出名的一个。他14岁即入学天津北洋西学堂(今天津大学),毕业后曾赴日本留学,并加入同盟会。26岁开始留学美国,获耶鲁大学博士学位。中华民国成立后,即为内阁成员。先后担任南京临时政府参议院副议长、代理议长、代理工商部长、北京政府工商部次长、外交总长、代理内阁总理,南京国民政府外交部部长、驻美国大使等职。

"务本堂"这么重视体育教育,与王正廷的体育强国思想有密切关系。王正廷一生最热心的就是中国的体育事业。1922年,他被选为国际奥委会委员,成为中国历史上第一位国际奥委会委员,也是我国近代体育的早期领袖之一。

生活在内忧外患时代背景下的王正廷,和其他先进的知识分子一样,当时对体育的理解和认识也首先是从"体育救国"开始的。他认为体育可以强身,可以卫国,可以唤起团结意识。王正廷认为,通过举办运动会可以达到广泛宣传的目的。他曾率中国体育代表团出席第11届、第14届奥运会。因他对中国体育事业的卓越贡献,他被誉为"中国奥运之父"。

王正廷在税务场村创办了"务本堂",给山村的孩子们灌输了读书立本的知识和思想,增强了村民们自强自立的能力,影响了好几代人重视教育、读书强人的观念。同样,王蓓的父亲王叶定也深受"务本堂"读书育人的理念影响。王叶定夫妇一生共养育了3个女儿2个儿子,就在这几乎交通闭塞的穷山村,重男轻女思想甚盛的年代里,王叶定从小就教导子女要好好读书、自强自立,给下一代留下了不可磨灭的印象。

　　奉化税务场村王氏家族后世自从第一代王天琦算起,至今已到了第32代"友"字辈。"族长"王汝英老人说:"阿娇属'基'字辈,在她下面,已经有三代人了。"

第二篇　童年印记

童年时期不寻常的经历深深地影响着一个人的人生历程,特别是小时候吃过苦的孩子,更懂得什么需要珍惜。父母的言行同样会给小孩的心灵烙上深刻的印记,并伴随孩子走过今后漫漫的人生路程。

童年岁月

一个人说起孩提时期的事,往往已是四五岁以后的事。此前的事若有印象,那也是一点点的模糊记忆。也许一个人3岁的时候能记住2岁时的事,4岁时能记住3岁时的事,但5岁时就未必能记得3岁或2岁时发生过什么事了。

奉化白杜税务场村里,有一个方方正正的小园子,围墙显得比较破旧,里面有四间按L形排列的小平房。这里就是王蓓一家的家园。在这个园子里,其中三间房子看起来已经很旧了,那是王蓓的祖祖辈辈传下来的,每逢大雨,房顶上还会滴下水来;还有一间是王蓓的父辈盖的,比祖辈的老房子好一些。1955年11月11日,就在这个农家小园子里,传来了婴儿的啼哭声。王蓓呱呱坠地,来到了人间,三口之家又添上一员。

妈妈生王蓓的那年才21岁，已经挑起了养育两个女儿的担子。当年同住的还有年迈的阿娘和小姑。王蓓与姐姐只相差一岁。之后的8年间，王蓓又先后有了1个妹妹和2个弟弟。

随着王蓓和弟弟妹妹的相继出生，房间显得越来越挤了。一间灶房，每天要烧火做饭，烟气重，不适合住人，3个房间要住9口人，每个房间要搭两张床。当时，村子里几乎都是一户挨着一户，围地建房，村民们过着日出而作、日落而息的贫苦而平淡的生活。

这个村子的正南面是金峨山，翻过这座山就到了鄞县（今宁波市鄞州区）地界，距离宁波市中心约20千米。其山势看上去不算很陡，但树木茂盛，多奇岩怪石。此处，千年古刹金娥寺最为著名，位于金峨山脚下，一代名人蒋介石的原配夫人毛福梅曾在此居住长达8个年头；宁波华美医院（现宁波市第二医院前身）创始人克利夫人也曾在此养身诵经近30年之久；下野后的蒋介石就曾在这个寺里留宿。寺内松柏参天，气势雄伟，以"红尘仙阁"而闻名海内外。

税务场村地处世外桃源，但因交通闭塞，经济落后，村民们的生活过得较为困苦。

1958年5月，"大跃进"运动开始。在这样的背景下，作为人民公社建立标志的一项不可或缺的新生事物——公社集体创办的公共食堂出现了。

公社食堂为广大农民勾勒出梦想家园的美景，吃饭不限量，吃菜不重样。让广大农民知道，只有"放开肚皮吃饭"，才能"鼓足干劲生产"。但一下子有这么多人"放开肚皮吃饭"，一时间能到哪里去找可供填满那么多肚子的下锅米和烧饭柴呢？于是，不少公共食堂便倾其所能、倾其所有。这样的状况实行不久，多数食堂已经寅吃卯粮了。

"从四五岁开始，我就对小时候的事有印象了。"经历了半个多世纪，王蓓对童年时期的事还有记忆。王蓓说："那时候村子里家家户户都过着非常困苦的生活，我虽然年纪小，但记忆还是有的。"奉化白杜税务场村与全国各地农村一样，办起了公共大食堂，而这个公共食堂恰好就设在王蓓家门对面。那时,王蓓的两个弟弟尚未出生,家里七口人,能挣工分的只有父亲和母亲,每到年终,分到的口粮自然是不够吃的,一日三餐每餐能吃上一碗拌着野菜的稀粥已经不错了。这对一个正在长身体的儿童来说,怎能吃得饱?王蓓的肚子经常"咕咕叫",实在饿得难受时,会溜进家对面的公共食堂里。

时隔半个多世纪,王蓓说起偷米吃的事,那时的情景又浮现在眼前。

"下面一袋袋堆放的是饲料,上面一袋袋是大米,趁人不注意时,赶快地抓来一小把米,一下塞进嘴里,闭着嘴慢慢地咀嚼。"

"味道实在是太好了,真的是又香又油。"如今的王蓓坐在大板桌后,回忆起此情此景时,情不自禁地用手一抹嘴巴:"当时吃米的味道真的还在。"

与王蓓交谈的时候,她是很少会流露出表情动作的。这一次,显然是内心受到了强烈的刺激。吃生米都嚼出油味来,真的很难令当今的孩子想象得出。当时,王蓓的家与其他村民家一样,连吃饭都吃不饱,哪有多少食油能上餐桌。

像王蓓这样能偷米吃而不被发现的运气不是人人可以享有的。公社食堂不是随随便便可以进出的。王蓓的家就在食堂对面,王蓓一跨出家门,几步路就能来到食堂大门。姐姐虽然比王蓓大一岁,但性格内向,不敢随随便便进食堂的大门,妹妹人更小,更不敢去了。三姐妹中只有王蓓胆大好玩,时不时地溜到大食堂里。那时,王蓓的父亲在食堂里做会计,算得上一个大管家,没多久,工作人员都知道她是管家的二女儿。也许是王蓓生得俏丽可爱,里面人看到她,只管自己忙活,不会去赶她出门。

有一次,王蓓偷吃了米后,又抓了一小把米,怕被人发现,慌慌张张地卷进裤腰里,偷偷地带到家。王蓓想着比她还小两岁的妹妹正坐在地上饿着肚子呢。"小妹,快来。"王蓓不小心把几粒米掉到了地上,妹妹低着头,在散落着鸡屎和泥土中,用两个小手指挑出米粒来,塞进小嘴巴,天真地望着二姐笑。

　　人民公社大食堂开办初期，每天早餐，村里的每个人都能吃上白粥。记得有一次，王蓓未等到开饭时，肚子已经在"咕咕"直叫，当她溜进大食堂时，看到木桶里盛着香喷喷的白粥，忍不住用双手捧起白粥，想先解解饿。"哇"——这下闯祸了，王蓓白嫩嫩的一双小手，一下被烫得通红，一会儿，手上冒出了好多小水泡。可怜的王蓓那年才4岁，哪里知道冒着热气的白粥有这样高的温度，一双又白又嫩的小手为此足足痛了一个星期，才慢慢地好起来。

　　每当饥饿难忍时，生性顽皮的王蓓总想着去偷米。有一天，被大人发现了，王蓓双手摸着肚子，白皙的小脸蛋上两个圆圆的眼，愣愣地抬头望着，大人低头看着眼泪汪汪的小孩，也于心不忍，责备的话怎么也说不出口，若无其事地走开了。如果此事让父亲知道，肯定免不了一顿打骂，从小胆大又调皮的王蓓又该受皮肉之苦了。

　　没过多长时间，公社大食堂难以为继。"近水楼台"的王蓓再也享受不到又香又油的米粒了。那时，王蓓的家与其他村民一样，生活处于极度困难的时候。王蓓4岁，姐姐5岁，妹妹才2岁，两个弟弟尚未出生。还有同住的年迈的阿娘和尚未成年的小姑，日常的生活也要靠父母来打理。父母挣来的口粮实在是不够家里七口人吃啊，如果没有养鸡、养羊换点钱，生活估计早就过不下去了。平时，王蓓吃白粥时最多放几粒盐，趁白粥还热的时候，用筷子拌一拌，一下子就吃光了。酱油比盐贵多了，吃早餐时，家里人都舍不得放酱油，更不用说吃些酱菜什么的来调一下口味了。生活最困难之时，山上的野菜被割没了，野果子也被摘光了，那就到处去挖狼基根。这是一种生长在野外的植物根头，很多吃不饱饭的农家人都在挖这种野根子吃。但这种野根子味道很不好，而且很容易便秘，吃多了，肚子会涨得难受。后来，连狼基根也挖完了，那只能吃水上长的革命草，但这种草也不能多吃，否则会拉肚子。实在没得吃了，就会剥起树皮。那时候，王蓓一大家子人与税务场村的村民们一样，生活真是到了山穷水尽的境地。

　　"吃得苦中苦，方为人上人。"这句流传千年的至理名言，不知激发了多少个在苦难中成长起来的人为改变苦难命运而奋斗的勇气。儿时的记忆,为何会有如此深刻的印记?是因为亲自尝到了不同寻常的苦难。吃苦是一种历练,会磨砺出一种品性。在漫长的人生进程中,具有吃苦精神的人,始终潜藏着一种非凡的毅力和勇气,有了这种毅力和勇气,就会产生一种内在的力量;有了这种力量,只要有心创业,懂得坚持,就会有事成的那一天。

勤劳的母亲　管家的父亲

每每提起母亲陈文叶,王蓓印象最深的是母亲很会做事,每天从早到晚不停地在处理细细碎碎的家务事。

那时,王蓓和姐姐还小,帮不上母亲什么忙。一日三餐,洗衣做饭,都是由母亲操劳的。缝缝补补,母亲一手包办。村子里没有电灯,家务事总是抢在天黑之前,有时实在赶不过来,母亲会点亮煤油灯,给两姐妹补破衣裤,做细活。阿娘年纪大,眼睛花了,做衣补衣也只有母亲来帮衬。与阿娘同住一屋的小姑才十一二岁,虽然能做一点小事,但穿衣、吃饭还得母亲来管。一天从早到晚,家里零零碎碎的事总是干不完。母亲做事向来默默无闻,任劳任怨,干起活来很是利索。在王蓓的记忆里,母亲是个既勤劳又能干的典型的农家妇女。

1960年前后,奉化白杜税务场村与中国其他省份的农村一样,正处于经济最困难的时期,王蓓的一家光靠父母的工分是无法维持生计的。为了让一大家子人能生活下去,唯一的办法只能靠养鸡、养羊、养猪来换点钱补贴家用。当时,王蓓的家养了10多只鸡,这些鸡都是会生蛋的,有时一天在鸡窝里能取到10多个蛋。母鸡生下来的蛋,家里人是舍不得吃的,基本上是去换一些钱。饲养的一头母猪每年能生下16—18只猪崽,卖掉这些猪崽,又能给家里带来不少钱。家里唯一的那只母猪,母亲一直饲养了10多年。后来,王蓓最小的弟弟也出生了,一大家子9口人,家里的开销也越来越大。咋办?生活总是要过下去,只得想法子增加家里的额外收入，才能维持家里收支平衡。当时，虽然村子里都很穷，但村民们都很朴实，村民之间都很友好，也很讲诚信，一家遇到困难，能出力的家庭总会尽力去帮助。王蓓家想到了养牛来增加收入来源，可一下子要拿出几十元钱去买牛犊，家里哪有这么多钱？只得挨家挨户走访经济条件稍好的家庭，把村民们暂时不用的小钱借过来。牛犊终于买来了，平常已经很忙的母亲，养羊又养牛，除了放养，还得去野外割草，这事又得母亲来干。在两姐妹的眼里，母亲仿佛有做不完的活。母亲勤劳的身影，给5个子女留下了难以忘怀的印象。

时隔近60年，如今王蓓的小姑王满意已经快70岁了。当王满意说起王蓓的母亲陈文叶时，一口一个称赞。

"她干活交关好，会纺纱织布，还会养蚕抽丝，编织丝绸。布织好后，自己动手裁剪，再做成衣服。"虽时隔半个多世纪，王满意说起自己的兄嫂，头脑里还是有比较深的印象。

那时，生活虽然贫困，但家里备有一套编织的工具，穿衣盖被就有保障了，哪怕是最简陋的。当时哪有闲钱买布做衣，要不是有这一套简陋的编织工具，一大家子9口人穿衣盖被如何得以保证。还得自己动手，丰衣足食。布织好了，陈文叶会自己动手裁剪，一针一针地缝纫起来，上辈的婆婆、同辈年幼的小姑，还有家里5个儿女，一家三代平时穿的衣服、盖的被子，都是她一手做成的。编织出来的绸布当成宝贝，往往用于做被面子，是舍不得做成衣服穿的。每年冬天来临，一堆桑叶里，爬满了成百上千条正在吃叶子的蚕。

王蓓的父亲王叶定是高小毕业，这是那个时代的说法；也就是说，父亲完完整整读完了6年小学。这在当时的山区农村，算得上读书人，在村子里，能这样坚持读下去的孩子不多，因为那时家庭经济状况普遍不好。据税务场村王氏"族长"王汝英回忆，王蓓的爷爷属中农家庭，家里条件比一般的家庭好一些，但到了王蓓的父辈，特别是严重困难时期，王蓓一家的生活遭遇前所未有的困难。

在王蓓的印象里，父亲很会理财，家里的所有支出都由父亲一手管控。父亲很会算账，又能说会道，是村子里人人皆知的大能人，所以被村里重用，做起了"账房先生"。每天天刚亮，父亲就要起床，六点不到的光景，就从家里出发了，晚上有时要忙到七八点钟才回到家里。然而，父亲老思想重，很清高，是个几乎不干家务活的"大男人"。平时一有空，不是画画，就是唱唱京剧、越剧，《梁山伯与祝英台》是他的拿手好戏，唱得有板有眼，很像那么一回事，邻居们和路过的人往往会停下来，围着他欣赏他的精彩表演。

父亲是个非常会持家的男人，精打细算，平时家里每一笔开支都有记录，心里总有一本账，每月的支出都有计划。虽然家里有鸡、有猪，又有牛羊，可那是用来换钱的，一大家子9口人要想吃到一块肉，不是有客人来，就是逢年过节的时候了。日常开支不好好算计，是要揭不开锅的。家里这么多人要吃饭，不克勤克俭怎么行。哪怕是一元钱，在父亲眼里也是有分量的。在王蓓的记忆里，父亲对子女要求是很严格的，但自己也非常节俭，不会乱花一分钱。

王蓓记得9岁上学前的那年春节，父亲给3个女儿和2个儿子压岁钱，每人2角钱，刚好是1元钱，以祈求来年5个子女平平安安、健健康康，但说好一旦过了年都得交回。王蓓拿到2角压岁钱，看看衣服上下都没有口袋。生怕钱掉了，王蓓就把2角钱塞到裤腰带后，贴着身藏着。过了大年初一，姐姐妹妹还有两个弟弟都老老实实地把压岁钱还给了父亲，只有王蓓怎么也找不到钱。一向机灵、好动的王蓓，不知把2角钱掉到哪儿了。

"二活孙，钱哪？是不是嘴馋买吃的啦？"父亲训斥声很大，走过来举起手想教训二女儿。王蓓平时就敬畏父亲，害怕遭到惩罚，快速地跑开了，趁人不注意的时候，溜出了家门，一口气连跑带走六七里，逃到了外婆家。

在三姐妹中，王蓓向来是最调皮的，性格也最倔强，平时受父亲训导自然也是最多的。每当王蓓受父亲训斥的时候，母亲总会打圆场："孩子还小呢，懂得多少事，你不要老是这样骂孩子啦。"

在那个艰苦的年代里，父母要把5个子女扶养成人是多么不易。再说，父亲还有自己的母亲和妹妹要照顾。在那个连吃饭都成问题的岁月里，王蓓的父亲多想把1元钱掰成两半用，他又何尝不想让儿女不再挨饿，让孩子们快快地长大成人！

父母的言行对子女来说肯定有或浅或深的印记，对子女的成长将会带来深远的影响，包括性格的形成、处事的态度、与人交往的言行举止。

这是唯一保存至今的王蓓父母合影

王蓓说："我吃得起苦，喜欢实干，像母亲；性格比较倔强，处事果敢，像父亲。"

如今大多数孩子不会再有当时那样的艰苦经历，也不会再有那个时代孩子的贫困生活所带来的深刻感受，所以更要学会感恩。俗话说，当家才知柴米贵，养儿方知父母恩。小孩子往往不太留意父母养育的辛劳，但当你长大成人，自己有了孩子的时候，就会慢慢感悟到父母养育孩子的不易。

第三篇　花季少年

少年，人生的春天，花朵初放的季节。一个人正当茁壮成长之际，经历了风雨考验，更能打磨出坚强的品性。人要有毅力，从磨砺中来。坚强的意志力唯有通过反复磨砺才会逐渐形成。

求知欲望强

研究哲理的人曾说过，知识让人走向真理，让人变得有智慧，有了智慧，财富才会向你打开大门。一个人仅仅凭体能获得的财富，也许可养育几个人；凭技能获得的财富，也许可养育十几人；但凭智能获得的财富，也许就可养育更多人。这句话其实蕴含了可以让人深深回味的人生哲理。

王蓓的父亲王叶定凭学到的知识，当上村子里的"账房先生"，他深感读书给他带来的待遇，深深懂得一个朴素的道理：读好书，有了知识，才会有出人头地的机会。在那个年代，特别是在税务场村这样交通闭塞的穷山村里，有这样见识的家长的确给下一代带来了不一样的人生。王叶定培养孩子的观点，深深地影响着子女，也很大程度地改变了子女日后成长的人生轨迹。当时,王家连吃饭都成问题,却还是把最早出生的女儿送到了学校。一大家子3个女儿2个儿子,除了大女儿初中毕业,早早承担起养家糊口的责任外,其余4个儿女都读到高中毕业,其中大儿子后又考上了大学。在20世纪70年代,高中学历在城市里也已经不错了,更何况是在农村。在税务场村,这样送子女读书的贫困家庭,只此一家。再说在当时的农村,普遍存在重男轻女的传统思想,把3个女儿都送去上学,可见王蓓的父母有着不一般的考量。

那时,王正廷创办的"务本堂"已不复存在。税务场村有了另一个小学,学校的名称就是村名,叫税务场村小学。附近几个自然村想读书的孩子也是来这里读书的。王蓓清楚记得8岁那年她背着书包去上学,老师上课时,3个年级的学生同在一个教室,一年级的学生坐前排,二年级、三年级的学生依次坐后面。虽然这里包括了邻近村庄的学龄儿童,但当时村子里经济状况不好,很多人读不起书,1个年级的学生还不到10个人。再说师资也紧张,3个年级同堂听课是没有办法的办法。当老师给一个年级上课时,其余两个年级的学生做作业,依次轮换。算术、语文是读小学时最主要的两门课,王蓓从那时起,慢慢学会了怎样计算,怎样写字。在一年级近10个学生中,也许是王蓓生得比较机灵,老师就让她来当班长。

在三姐妹中,王蓓最好强,这一性格最像父亲。在学习上,王蓓同样很好强。白天老师教过的算术题,如果没有弄明白,到了晚上,就会翻看书本自学,直到弄懂为止。有一天晚上,王蓓点着煤油灯,躺在床上看书,看着看着实在太累了,不知不觉地睡着了,可能是手臂一滑打翻了煤油灯,结果点燃了蚊帐,火势慢慢变大,把王蓓的头发都烧掉了一大块。幸好被母亲及时发现,把她从梦乡里叫醒。所幸床边没有什么易燃物品,没有酿成大祸。在那个饥不择食的年代里,处于生长期的少年儿童普遍存在营养不良,学生们往往是在没吃饱的状态下听老师讲课,放学回家,一到晚上,一旦躺到床上,瞌睡虫就上来了。

在班级里,王蓓身为班长,以身作则,平时乐于帮助同学,同学们也喜欢与她相处。而且王蓓上学后平时学习主动认真，各科成绩总是排在前面。王蓓与班里其他的女同学不一样，特别爱上体育课。上体育课的时候，除了王蓓一个女生，其余的都是男生。很自然，女生中谁体育成绩最好，那就不必多问了。王蓓德、智、体、美、劳样样好，"五好学生"年年总有她的份。从小学一年级开始，到初中毕业，王蓓年年当班长。读高中的时候，她为了能挤出更多时间做草鞋，向老师提出不当班长，只做班干部。

在20世纪六七十年代，全国教育系统按照"学制要缩短"的要求，普遍采用"五·二·二"制。在宁波，不管是城市还是农村，小学需要读完5年半的课程。王蓓在白杜中学读了两年初中，后又到奉化文武中学读了两年高中，这两个学校都有寄宿条件。但读初中时，因学校离家不远，王蓓每天放学后，都会赶往家里。王蓓记得高中老师在台上讲课，下面不少女生在编织毛衣、手套，男生有的伏在桌子上睡觉，有的在看闲书，当然也有像王蓓那样在认真听课的。

"每上一堂课，我总是认认真真地把整堂课听完，从来不做与听课无关的事。"王蓓没有受到不认真听课的同学影响。

王蓓这样求知欲望很强的学生，还是能真正学到应有的知识的。老师讲课认真，王蓓听课认真，学习主动，遇到不懂的问题自己"啃"书本，从来不需要父母来督促。中学时期，要学的科目多了几门，如物理、化学等理科内容，王蓓会自己合理安排好文理科目的学习时间，各科成绩都比较好，特别是英语成绩总是班里第一名。那时，英语考试分为100分，加上附加题10分，总分为110分，王蓓最高曾拿过105分。平时，她能用英语写文章。她的考试成绩总是名列前茅，是那个特殊时期培养出来的优秀高中毕业生。

时隔30多年，王蓓的好学，从她如何刻苦学说西班牙语中亦可见一斑。当然，此是后话。

"我要成功。"这是古代著名的书法家王羲之年轻时的一个追求目标。他就是抱着这个理想，每天苦练，一缸缸水由清变黑，一天天反反复复写,一月月一年年地苦练,最终练就了一笔好字。人们都惊叹他的字刚劲有力,端正美观,令古今有识之士赞赏有加。可有谁知道,他当初为之付出了多少心血。在学生时期,王蓓还不知什么叫成功,也未曾体会成功是什么滋味,但她从小受父亲重教思想的感染,深知求知的重要,为了自己的将来,懂得了怎样去学,怎样才能学到更多的知识。读书让王蓓变得聪明,她学会了思考,遇到人生问题,懂得该怎样去解决。从小学到高中,整整10年的时间,王蓓学到了基础知识。知识催人奋进,也给了她向上的力量。别看王蓓年纪轻轻,想法倒是实实在在的。她懂得,要想收获,就得努力。

梦想过上好日子

中国现代著名作家林语堂说过,梦想无论怎样模糊,总潜伏在心里,使人的心境得不到宁静,直到梦想成为事实。说起梦想,王蓓在中学时期就有了自己的人生梦想。"干活再苦再累没什么,多攒一点钱,让家里人生活好一点。我要通过实实在在地干活,要比人家吃得好一点,穿得漂亮一点。"这个梦想,算不上什么宏伟的理想,却是一个出生于贫困山村的女孩追求梦想的真情流露。

与姐姐一样,自从王蓓能做事的时候起,父亲就对她提出了明确的要求:除了好好读书,还要学会自己干活挣钱,不管你挣多少钱,一定要有自立意识,吃得起苦。

税务场村有一个副业就是做草鞋。那时,村子里的人为了维持生计家家户户都在做草鞋,王蓓的家自然也是如此。都说男大当家,但母亲最先生下来的是3个女儿,王蓓的姐姐作为老大,女大也得当家。为给家里挣点钱,王蓓的姐姐读小学高年级的时候就开始用绿麻和竹叶做草鞋,早早地挑起养家糊口的担子。16岁初中一毕业,就给当地的裁缝当学徒,边学裁缝,边学画样裁剪。从姐姐开始做事起,每到吃饭时,母亲总给大姐多盛一点饭。干活自然辛苦,消耗也多一点,母亲想到的是,大女儿为家里挣钱了,尽量让她吃得饱一些。

"碗换一个,快快。"调皮的王蓓用手肘推推坐在旁边的姐轻轻地说,生怕母亲看见。姐姐很会照顾人,妹妹有求,只要做得到,总是乐意让妹妹多吃一点。姐姐趁母亲没看到,与妹妹换了个碗。

受姐姐的影响,王蓓同样是个肯吃苦的女孩。记得在读小学四五年级时,王蓓每天一下课,做好功课后,就拿起绿麻像模像样地做起手工活。开始做草鞋时,王蓓年纪尚小,力气也小,编织得太松,就得拆掉重做,一天做成一双已经很不容易;后来越做越熟练,越做越快,手指的力气也越来越大,在读书之余,一天能做成三四双,最多时能做六七双。那年,王蓓才14岁。自从那时起,一直到高中毕业,王蓓都没放弃这个能赚钱的副业。读高中的时候,王蓓本来还可以继续当班长,因班长事务多,为了有更多的时间做草鞋,就不做班长了。读高中的时候,在学校寄宿,王蓓就在学校里做草鞋。同学们每天看她埋头做草鞋,问她做这个有多大意思,枯燥无味,又累又费劲,也赚不了几个钱。但王蓓不以为然,心里想着要比别人过上更好的日子,就得比别人多吃一点苦。

童年的苦难经历,激发了王蓓强烈的求富欲望,她在内心潜藏着拼搏勇气。在宿舍里,王蓓把模具捆扎在床脚上,编织时拉紧绿麻需要用力气,连整个床都会被拉动,如果同学上床休息,她只得转到室外找屋柱,在冬天只能任凭凛冽的寒风呼呼叫。在奉化文武中学读书时,教室里学生坐得满满的,全班48个同学,唯有王蓓一个人默默地干着这个又苦又累的活儿,日复一日,年复一年,从未间断,一直做到高中毕业。初中两年回家做,高中两年在学校里做,小姑娘一双白嫩嫩的手上留下了一个个厚厚的茧。从小学四五年级算起,这一个个手指上厚厚的茧,是经过2000多天的磨砺而留下的苦难印记。

当时,一双草鞋能卖一角八分,能赚八九分钱。如果草鞋样子做得好看,编织得紧实,每双最高能卖到二角二分。王蓓至今还清晰地记得,要让竹叶软一点,就要在水里长时间浸泡,在寒冷的冬天里,紧捏拳头,死劲往冰冷的水里压竹叶。都说北方的冬天真寒冷,但室内有暖气,可南方冬天的湿冷更难忍,室内没暖气,不管室内还是室外,寒冷的感受直往肉里渗透。而山区的冬天又比城里的冬天冷得多。如今王蓓说起当时的情景,嘴里发出"咝咝"的声音,看她脸上的表情,仿佛她的这双手又浸到了刺骨的冷水里。可见,这次又触动了她的感觉神经了。王蓓做草鞋从不马虎,心里想着的是,为家里多挣一点钱。每逢星期天,学校作业抓紧完成了,王蓓就埋头做鞋,最多时能做25双。

"每双草鞋卖1.8角,这一天我能净赚2.5元。父母一星期给我7升大米,还给2角,用来搭伙、买菜。我已经习惯劳动挣钱,星期天常不回家。"王蓓回忆道。

"我从来不怕吃苦。"是的,王蓓从来不叫苦,总是默默地忍受着。时至今日,虽然过去了漫长的40多个春秋,但当她伸出双手时,你会清楚地看到,她的手指关节比较粗,左手的大拇指指甲也比常人短得多,这是劳作时被石头压伤所致。她少年时期留下的磨难印记依然没有褪去,也已经无法褪去。

父母是儿女最早的启蒙老师,特别是母亲吃苦耐劳的身影,深深地影响着老大老二两姐妹。而两姐妹吃苦耐劳的样子,也同样影响着比王蓓小两岁的妹妹。王蓓的妹妹读小学三年级的时候才11岁,也学着两个姐姐的样儿做起了草鞋。

三姐妹中,王蓓最大大咧咧,胆子也最大。时隔40多年,王蓓还清清楚楚记得一件自己也觉得可笑的事情。那时,家里的生活条件有所改善,父亲要求三姐妹中去一个,到莼湖老街买一点菜来。莼湖老街菜场离家不近,有六七里,姐姐比较内向,不敢去,妹妹比王蓓小,自然更不敢去。

"我去,有什么好怕的。"

王蓓自告奋勇,背起竹篮,连走带跑一路赶到莼湖老街菜市场,用2角钱,买了半斤龙头鱼,半斤跳鱼,一点海蜇,还有一斤望潮,剩下还有两分钱。当时,王蓓手里紧紧地捏着两分钱,真想买一支棒冰解解馋,可一想到如果花掉了这两分钱,肯定会被父亲骂一顿,最终王蓓还是忍住了。

可是辛辛苦苦回到家里,父亲看到她拎着的篮子里的这些海货时,还是骂了她一顿:

"叫你买一斤望潮,就这么5个,你账会不会算,是否给人家缺秤了,眼睛没看啊?"

"是啊,怎么只有5个了?当时我数过了,一斤望潮共有8个,还有3个在路上丢了?"

王蓓一边在细细地想着,一边转了身。这时,姐姐和妹妹突然同时叫了起来:

"快看!快看!3个全在背上呢。"

原来,王蓓一路走来,把篮子背在背上,8个望潮都是鲜活的,其中3个望潮悄悄地爬到王蓓的背上了。王蓓被冤枉了,生气地把剩下的两分钱往桌上一拍:

"给,还有两分钱,下次我再也不去了。"王蓓使性子了。

可是,下次遇到这种买菜的事,王蓓还是推不掉的。在父母的眼里,这种事还得王蓓来做。王蓓的母亲是深知二女儿个性的,王蓓至今还记得她小时候母亲说过的一句话:"二大无是饿不死的。"在三姐妹中,母亲深知二女儿是最机灵的一个。

草鞋做好了,买卖的事谁来?自然不用猜了,不是王蓓是谁?!每逢星期天,王蓓一早就起床了,用竹扁担挑起两大串的草鞋,沿着鹅卵石铺就的古道,走出了村子,走过一个又一个的村庄,走到人最多的集市上去吆喝。天色快黑下来了,如果还有几双剩下的草鞋,王蓓自然会削价处理,因为这个买卖王蓓还是有自主权的。等到草鞋全部卖光后再匆匆地往家里赶。

有一年夏天,好多天不下雨了,家中水缸里的饮用水快没了。每逢这个干旱时节,村子里的人都会到古井里去打水。村边的小溪没有断流,但已经很小,村民们习惯在溪流里洗洗刷刷,溪水不干净,不可当作饮用水。几百号人同时取水,没几天,村里的几口古井里的水也很快见底,只有爬到井底才能取到水。每当此时,王蓓就像个男孩,脱掉拖鞋,赤着脚沿着井壁石缝，一脚一脚地爬到井底，一勺一勺地把水盛到水桶里，由一同打水的村民把水桶提上来。

"娘子胆子够大的，连男人都怕的事也敢做，真是够厉害啊！"王蓓看到村民竖起的大拇指，心里很有一股自豪感。说起爬井真的不怕？王蓓回忆起当时的情景，毫不掩饰地说："怎么会不怕？井深少说也有10来米，当第一次爬井时，心在扑通扑通地直跳，越往井底，一阵阵袭来的寒气越重，只听到井底哗哗的流水声，不敢往井下多看一眼；后来次数爬多了，胆子也练大了。"

这是1975年三姐妹与母亲一起拍的一张难得的合照（最左边是王蓓）

在5个子女的记忆里，妈妈总是那么勤劳，那么会做家务，给孩子带来了潜移默化的影响。三姐妹早早地为家庭的日常生活支撑起大梁。那个时期，父母收入微薄，随着两个弟弟的逐渐长大，家里的日常开支光靠父母的工分和做草鞋还是远远不够的。

"父亲理财脑筋还是蛮多的。"王蓓回忆道，后来家里搞起了"饲养业"，饲养的家禽也多了点，家里的开支增加了，就得想办法多一条赚钱的渠道。牛和羊要吃草，除了放养，还得到野外割一些嫩草。两个弟弟年幼,三姐妹读书之余,经常要到村子的周边割青草,到山上采集一些野生的茶叶,特别是胆大的王蓓,还会爬到高高的银杏树上采摘银杏果。

"宝剑锋从磨砺出,梅花香自苦寒来。"

人生磨砺自少年啊!孩子吃苦耐劳的品性是在适应各种环境磨砺中慢慢形成的。王蓓是在贫苦的山区农村里成长的,是在艰苦劳作中一步步走过来的。少年时期的磨砺,让王蓓磨出了常人所没有的能吃苦的非凡毅力,炼就了攻坚克难的意志。

第四篇　春天多梦

春天到了,柳枝吐出了嫩芽。人到了春之季节,心中冒出的盼望的美景,宛如雨后初晴时天空中的一抹淡蓝,无法言传,只能细细地品味。暖暖的风吹来了,蝴蝶也恋爱了。春天真是一个多梦的季节。

三年务农

物质财富是生存的基础,光有梦想和信念是没用的。一个人要想有所作为,就得实实在在地从每一件事做起。王蓓在中学时期,就开始梦想自己想要的生活。从那时起,王蓓已经懂得,想要比别人过得好,就要比别人付出更多的努力。用王蓓自己的话说:"我只晓得像牛一样,踏踏实实地干活,才会赚到更多的钱。"她从小在山村长大,说话很朴素,没有豪言壮语,也根本没想过不切实际的伟大理想。

1973年,王蓓高中毕业后,又回到奉化白杜税务场村,开始做起地地道道的农民。父亲起先看不起自己的二女儿:"一个女孩子家,做农民会有什么出息,累死累活,还不是只能拿我的一半工分。"可让父亲意想不到的是,女儿用男儿般的拼劲,拼出了让人刮目相看的收成。经过几个月的锻炼,王蓓的活儿干得越来越多,最终在村子里担当起了4个角色:女生产队长、村团支部书记、政治夜校负责人、民兵连副连长。此外,她还想多挣一些工分,成为割嫩草的成员。在村里,王蓓农活干得出色,甚至比一些男社员还好,组织能力也很强。按当时村里的计分规定,一个女的劳力只能算男劳力的一半,她每一个职位最多只能记男全劳力的一半工分;也就是说,每天一个职位只能最多记上5分,一身兼四职,一天工分就是20分,再加上割草所记的分,一天的工分超过了两个男劳力。那个时候,在一个穷山村里找一个像王蓓这样有知识又有组织能力的女人,真的不好找。真是能者多劳,她凸显了一个女强人的模样。女儿这么能干,父亲当然刮目相看了,嘴上虽然没明说,心里暗暗地为女儿骄傲。

春暖花开,农村的耕耘季节来临了。王蓓作为女生产队长,带领队员耙田、插秧、施肥;秋收时节,带头来到田间割稻,在草场上打谷子。农闲时,组织青年团员政治学习,动员年轻人为"大干好上"鼓干劲;晚上还要去政治夜校给党员同志读报纸。民兵连农闲时要训练,王蓓作为女民兵的负责人,每天晚上和男民兵一起查夜,流的汗肯定比别人多。

青年时期的王蓓

说起割草的事,王蓓好像又身临其境。社员们个个劲头很足,真有"鼓足干劲,力争上游"的味道,看谁的嫩草割得多,计量按公斤来算。王蓓割起草来动作很快,有时一天能割1000多公斤,比不少男社员的还多。但王蓓挑担开始时还比不上男社员。中学时期她虽然给家里挑水练过挑担,从起先五六十斤,一直加到100来斤,可挑草远远不止这个重量了。男社员能挑200多斤的担子,王蓓可挑不起这个重量。别小看王蓓个子不高,但性格很好强。"我肯定能行。"王蓓心里暗暗使劲,一次次往担子上加码,后来越挑越能挑,一段时

间以后,过磅时居然达到了200多斤。当时是按青草的重量来记工分的,大家都想多记分。王蓓自小好强的性格,此时发挥得淋漓尽致。她能挑起如此重担,完全是紧咬牙关挺过来的。王蓓回想当时的情形,声情并茂地说道:"挑起200多斤担子,肩膀上的关节'咯咯'响,扁担磨得皮肤都开裂,血流得答答滴。"王蓓在农村磨砺了三年,炼就了一身像男人一样的强健体魄。

"那时我身体好得不得了。"王蓓说话习惯直白,很少有修饰。她为当年自己棒棒的身体引以为傲。

农村的生活是艰辛的,也是苦涩的,但每当年底算工分,拿收成,把自己的劳动成果运到家的时候,心里的高兴劲儿就不用提了。

农忙季节抢农活是很紧张的,当然也有令村民们放松的时候。那肯定是在晚上,邻近的部队在草场上放映露天电影。村民们早早地吃好晚饭,拿着小板凳,一个接一个地沿着村道,像赶集一样,早早地去抢占好位子,等待解放军电影放映员的到来。

每个人的成长都会有几段令自己难忘的人生历程,每经历一个过程,都会对自己进行自我认识、自我完善和自我提升。在经历这些过程时,自己一步步地走向成熟,也许会有蜕变发生。王蓓结束务农生活才21岁,正值花样年华。如今这个年龄段的人还在大学里享受美好的青春岁月。不同的年代,有着不一样的历程和感受。吃过苦的年轻人与长在改革开放中的年轻人经历了完全不同的人生之路,也拥有了完全不一样的精神财富。

一个人的成功不是偶然的,成功需要各种条件汇聚而成。王蓓在农村的磨炼,磨出了她外柔内刚的坚强品性。但不能说王蓓通过这样的磨砺,就通向成功大门了。从王蓓的人生历程看,此时的她,离创业的成功还很遥远。但王蓓就是一个不怕吃苦的人,她说话十分耿直,心里想什么,就会说什么:"我是吃什么样的苦都不怕的人。"

考上教师

"正惟作诗之多,则其中甘苦曲折无不经历。"这是清代文学家、史学家、诗人赵翼在他的诗作《瓯北诗话·查初白诗》中写到的。人生的深刻感悟,无不出自亲身经历。中国电影理论家、剧作家、评论家柯灵曾说:"曹雪芹如果不是亲身经历繁华、颠踬而堕入贫困,根本就不可能产生《红楼梦》。"一个人曾经做过的每一份工作,都是整个人生中的一段经历,会给人留下一段记忆,也会给人留下一份经验积累。

经历了三年务农生活,王蓓经过考试,做上了奉化白杜中学的语文老师。这归结于她读书时期的刻苦努力。王蓓读初中高中的四年,都处于"文革"时期,当她走上讲台,给学生上课时,这一时期尚未结束。10多年过去了,百姓的生活水平已经不像20世纪60年代前后那么困苦,家家户户不必为生计而苦苦地犯愁了。奉化历来是个重教的地方,读书造人是深入人心的。贫困的孩子要出头,就得好好读书。百姓的生活过得去了,到学校去读书的孩子也多了。在白杜中学,一个教室满满当当坐着48个学生,有的学生听课不认真,总是发出声响,对此王蓓是有深深感受的。自己当学生时期也经历过这样的事情,一个班里这么多学生,总少不了认真好学的学生,作为老师不能因为课堂上发出的噪音而敷衍了事。王蓓讲课必须放开嗓子讲,免得后面的学生听不清。一天上4节课,每节课45分钟,有时喉咙会讲得发哑。

"我现在喉咙干咳的毛病,就是从那时开始的,一直好不了。"如今王蓓说话时,仍会时不时地咳嗽。

作为语文老师,王蓓得当班主任,那是学校的惯例。做每一件事该有始有终,为了让一个班的学生都能顺顺利利地毕业,王蓓坚持了两年。若不是因为嗓子不好,王蓓也许会继续做下去。

奉化山多土沃,雨量充沛。广布的山塘水库和丰富的植被,十分适宜茶叶种植。特别是由火山岩和花岗岩分化发育的沙质黄壤,让奉化的曲毫橘茶成了闻名遐迩的名茶。1976年,中国尚处于计划经济的年代,为了让广布在山上的茶园增产,茶园开始需要施肥了。领取多少化肥,是按山上的茶园面积来计量的。当时县农林局临时需要人手,王蓓与另外两个小伙子应聘上岗,担起了全县茶山面积的测量任务。两个小伙子负责测量,各拿一头皮带尺,做记录自然落到小姑娘王蓓身上。三个人每天翻山越岭,日晒雨淋,整整忙活了三四个月,按每人每月25元计酬,每人都拿到了近100元钱。那个时候,不管在工厂做活,还是在农村干活,赚钱还真是不容易。

农林局安排的任务完成了,因王蓓工作做得细致,局领导想让她留下来,继续做其他的事情,但王蓓得知自己暂时只能按临时工身份在局里工作,每个月的固定工资比测量面积的报酬还要少,只有18元。工资实在是太低了,王蓓没有留下来,决定离开工作轻松舒服的机关,去其他单位寻找苦活干,想着赚更多的钱。

短暂的工作结束了,王蓓通过熟人介绍,又接到森工站的苦活。

人生中所有的经历都是有用的,就像在纸上画线一样,前面的轨迹影响着后面的走向。突然由很低到很高,这种状况虽然有,但不是常态。人生的轨迹往往是循序渐进的,随着经历的增加,积累的社会经验也会随之增加。在某种程度上,社会经验决定了人生高度,对其人生起到或多或少的推动作用。不论是两年教书的经历也好,还是几个月测量茶园的经历也好,都在王蓓内心的细微处沉淀下有用的经验。

森工姻缘

有一首歌曲叫《姻缘》:

这就是所谓的姻缘吧

令人无法拒绝的

为了不让这份爱锈迹斑斑

我一直擦拭珍藏

与我相约吧在这一瞬间都消逝时

直到我们再度相遇的那天

我要抛弃所有的一切在你身边驻足

……

虽然令人陶醉的邂逅很短暂

但却已刻在对方的心中

无法结缘也不后悔

因为本就没有什么永恒

这就是所谓的命运吧

令人无法拒绝的

无法忘记你

千言万语留在心间你也知道吧

从远方归来相见的那一天

　　王蓓与森工站的缘分，与这首歌的唱词十分相似。森工站成就了王蓓的一段姻缘，虽然不算圆满，但至少有了一个爱的结晶。相聚不算长，也不算很短，这也许是命运的安排。最后相聚，千言万语更多都留在了心里。从远方归来相见的那一天，彼此感慨何止万千，结局又显得那么令人期盼。

　　1977年，奉化森工站决定搬迁。如果找汽车搬运，费用太高，用人力搬运能省下不少钱。于是，森工站对外公开征求劳力。

　　王蓓通过父亲的一条线抢到了搬运木材的活。父亲曾去部队应征过，当时森工站站长接待过父亲，后来因身体问题父亲没有入伍。站长在奉化当上军转干部后，曾到王蓓家走访过，由此认识了王蓓。这个活儿很来钱，是王蓓梦寐以求的苦活儿。当时参与搬运的只有四五个人，每个人都有很多活可干。

　　在森工站有大量加工过的木板，每块长有二三米，王蓓从农村练就的一身力气,这下派上了大用场。由于木板尺寸较大,一个人装车还是感到有点吃力。为了便于装车,开始的时候都是两个人搭档,手拉车上装满木头后,拉到三四里开外的新站里卸货,几趟下来,王蓓就在计算时间了。这样下去,一天能来回拉几车?搬运的劳力费是按木板的体积计算的,算下来还要两个人平分。王蓓从小就很会算账,这样下去不行,于是与一女同伴商量,一起装好车,然后一人拉一辆,这样效率就高了。王蓓回忆道:"那个时候,我身体真的很棒,力气很大。"

当时大伙儿都把木板堆得高高的,王蓓的个头不到一米六,堆放在车上的木头比她头顶还高。运输路上有一座桥,而且坡还比较高。上坡时,王蓓在车上捆上一根绳子,手紧紧地拉住车把,车上牵绳套在肩膀上,两条腿死劲地往下蹬。

"那时,我自己感觉两条腿像要涨开了一样。"王蓓仿佛回到了当时拉车时的情景。

一步一步艰难地拉上坡后,绷紧的肌肉一下子松懈下来,浑身都是汗。上坡真不容易,可是下坡还要冒风险。为了赶速度,下坡时,王蓓提一点车把手,故意让手拉车尾部往下沉,两个手臂放在车把上,双脚同时离开了地面,这样车子就会自动往下滚,越滚越快……

"让开!快让开!……"

她双脚悬空,一路大声地喊着,提醒路人赶快避让,万一双脚着地时不稳,后果真不敢想象。

真是力大胆大能挣钱,王蓓一天最多能拉6个来回,总路程至少20公里,一点也不比小伙子拉得少,一天挣来的钱比一般人一个月的工资还多得多。每天清晨天蒙蒙亮开始拉车,一拉就是半年,与伙伴们一起,一直把森工站所有的木材全部搬完为止。不怕苦敢吃苦的王蓓,第一次实现了学生时期的心中梦想。她用自己赚来的钱买了手表、自行车。这可是当时普通工薪族舍不得买的高档品。

森工站站长是"老革命",在解放战争时期,从山东一路打来,一直打到奉化,是一位受人敬重的为中华人民共和国成立流过血汗的老战士。

他从部队的团级位置退下来,转为地方干部,先担任县人武部部长,后做了县森工站站长。半年来,王蓓平时运输木材时,经常与这位平易近人的老站长聊聊天,从相识到相知、相熟,时间一长,站长打心眼里喜欢这个能吃苦的女孩。后来在站长的热情邀请下,王蓓干脆寄宿到站长家里。王蓓也俨然把站长的家当成了自己的家,每天收工后,就到站长家里洗菜、做饭,有时间也帮着洗衣服。站长把王蓓当成了干女儿,王蓓也把站长和他的老伴当作干爸、干妈。其实,站长早就打心眼喜欢上眼前这个姑娘,圆圆的脸蛋,迷人的杏仁眼,笔挺的小鼻梁,薄薄的两片小嘴唇,微微外翘的下巴,模样俏丽,干起活来又那么来劲,怎么看就怎么喜欢。看上去像大家闺秀,想不到这么累的活也干得如此出色,真是人不可貌相啊!

站长心里暗暗思忖着,真心想给她做一回媒人。

站长有了这个心思之后,想给眼前这个小姑娘找个好男郎。

"儿子还不够大,配不上啊。"

"你表哥的儿子不是还没对象吗?"

"是啊,年龄相差七八岁。"

"年龄应该不是问题,找机会让他俩见见面吧。"

站长夫妇私下里谈起过给王蓓介绍对象的事。

站长老伴的表哥籍贯也在奉化,他的儿子曾就读于上海一工程技术学校,很会读书,以第一名的成绩毕业,因成绩出色被留在上海。他是一个热血青年,不留恋大城市,响应国家号召,自告奋勇报名要求支外建设。于是他来到重庆,后又去遵义,然后来到贵州的一个兵工厂,做了一个与制造苏式大飞机有关的电气工程师。

人们常说,有情人终成眷属。可王蓓得到的这份姻缘却与众不同。两人从见面到结婚,从来没有像模像样地谈过恋爱,其实也没有条件好好谈恋爱。一个在奉化,一个在贵州,天各一方,就是安排两人见面,也是匆匆相遇,匆匆一别,实在无奈啊!那个时期"劳动模范"是受人尊重的,王蓓干起活来很是拼命,算得上一个"劳动模范";响应国家召唤的

"热血青年"怀有远大的理想,同样是受人尊重的。一个是"劳动模范",一个是"热血青年",按理说,他俩结伴,看上去挺般配,但由于婚前彼此不了解对方,快速地走到了一起,最终这场婚姻留下了令人遗憾的"情感缺口"。直到儿子9岁了,也无法弥补这个缺口。

　　1979年,王蓓在上海结婚,一间12平方米的房间当婚房。过了不久,新婚丈夫去了贵州,公公已经退休,回奉化老家养老去了。临走时,曾嘱咐过小儿子:"我每个月有40多元退休金,一半寄给我,一半留给你嫂子。"小儿子虽然工作了,但年纪才十七八岁,每天早出晚归。王蓓在上海生活,没有工作。一个农村来的女子,在大城市里一下子很难适应,实在找不到合适的工作。王蓓手头上剩余的17元钱快要用完了,而小叔子把父亲的一半退休金不知用到哪里去了。3个月过去了,小叔子没有给过嫂子1元钱,嫂子又不好意思问小叔子要钱。王蓓眼看自己的钱快用完了,怎么办呢? 看到从安徽来的邻居在用碎布拆线赚钱,王蓓也学着做,可这细活她做不了,手指经常被棉线割出血。这活干不了,又找不到自己合适的活儿,为了节省开支,每天伙食从两菜一汤减为一菜一汤。小叔子早晚两餐与嫂子一起用餐。王蓓心里想着,能熬再尽量多熬些日子,可眼看没钱了,生活怎么过啊? 那时,王蓓在菜场拣过人家剥下来的残叶,也跟着安徽来的邻居学捡垃圾,一段时间后,王蓓捡到能换钱的东西居然超过了"师父","师父"不得不让她打道回府,否则"师父"的"生意"就没法做了。王蓓实在没有经济来源了,只得把实情告诉了在奉化的公公。公公赶到上海后,给王蓓买了一张去贵州的火车票。

　　到了贵州后,王蓓在丈夫的兵工厂里生活了半年,部队里的领导本来想安排王蓓去当图书管理员,但此时的丈夫有了另外的想法——想回老家了。如果王蓓留在丈夫的厂里工作,以后调回老家的可能性就不大了。

　　"看来我真的要回老家了。"于是,王蓓只能只身一人回到了老家宁波奉化。

　　当公公得知王蓓要离开上海时,曾说过一句话:

"如果你不在上海生活,以后要维持婚姻就麻烦了。"

也许公公知道,过早没娘的儿子性格有点特别。公公好像已经预知以后会发生什么了。

1980年上半年,为了解决夫妻两地分居问题,王蓓的丈夫从贵州兵工厂调到鄞县东钱湖海军某部汽修厂。王蓓终于与丈夫生活在一起。由于这场婚姻没有建立在两人恋爱的基础之上,两人的性格又合不来,说话说不到一块去,对生活的看法又相差很大,虽然两人不远千里相聚在一起,但两人的"温度"几乎没有提升多少。

同年10月,王蓓的儿子蒋岳在宁波奉化出生。

"从儿子出生开始,我和他已经没有床帏关系了。"王蓓说。从儿子懂事起,两人给儿子的印象不是吵吵闹闹,就是不理不睬,各干各的。

20世纪80年代初期,中国改革开放已经有几年了,王蓓的丈夫所在的部队开始大兴土木,好多工程都用得上他的专业技术,可以接一些活干。当王蓓提出这个想法时,丈夫的回答却令她很失望。

"现在有吃、有穿、有房住了,你想搞'资本主义'复辟啊!"

丈夫的这句话,一下子冷了妻子的心。那时,丈夫的工资是每月40元,他平时爱看书也爱买书,每月给家开支的钱只有12.5元,外加一瓶煤气和月房租费,其余的钱都用来买书了。王蓓一心想着给年幼的儿子多一点好吃的,多一些好穿的,想生活好一点,但凭自己的收入和丈夫给的这些钱,怎么够啊?还得靠自己想办法,去多赚一点钱。

那时,王蓓在东钱湖的莫枝中学校办工厂当出纳,每月工资是24元。但一次偶然的机会,她跨进了一家海军某部所属的工厂,经过努力,她从一名普通员工提升到了主管经营的副厂长,长年累月奔波在全国各地。这给丈夫的内心又打上了妻子"不安分"的"标签"。从那时起,蒋岳的亲生父母已经不属于"同一个世界",且渐行渐远。性格的巨大差异,在两人的心灵之间产生鸿沟。一个内敛、求安稳,一个外向、求渴望。志向不同,见解分歧很大。

王蓓记得儿子开始读书的那一年,她正出差在外,儿子去问正在看书的父亲。

"爸爸,这道题帮我看看吧。"

"自己看。"

"爸爸,这道题我真的不会做。"

"自己做。"

"爸爸,帮帮我吧,我真的不会做。"

"你再来烦我,我打你。"

王蓓出差回到家后,儿子向妈妈诉说了这件事。从此以后,儿子遇到不懂的问题时,再也不去找父亲了,儿子在一间房里看书,父亲在另一间房里看书,互不干扰。

也许爱钻研的人,把爱都转移到书本上去了。特别聪明的人,工作上特别强,而在情商上就会显得特别弱,让人觉得他性格很特别,给人的印象与众不同。

儿子9岁那年,丈夫接受不了妻子老是在外面跑,提出了离婚的要求。当王蓓带着儿子去法庭时,丈夫又不想离了,但事实上两人的婚姻已经无法再维持下去了。正在读书的儿子被接到法庭的时候,法官问蒋岳:

"你爸妈要求离婚,你怎么想?"

"爸爸只知道自己看书,是个书呆子。爸爸与妈妈不知为什么,老是吵吵闹闹,两个人已经不适合在一起了,早该分了。"

蒋岳小时候很活泼,也很爱说话,面对父母的分离,心里怎么想,嘴上就怎么说。

也许给孩子带来的最大伤害不是离婚本身,而是父母吵吵闹闹给孩子带来的无法抹去的内心痛苦和不安。

离婚后,儿子跟了妈妈。从此以后,蒋岳一直是在外婆、外公和母亲的照料下成长起来的。

时隔27年,王蓓历经风雨,创业成功,回到故里投资兴办企业。2016年,王蓓的工作重心从古巴转移到故乡奉化,当得知蒋岳生父曾再婚但如今又独身一人且患了重病时，王蓓还是忍不住去看望过几次，她舍得花钱给他买贵重的进口药，委托姐姐的女儿开车陪他去医院看病。为了日后方便蒋岳亲生父亲生活，提高晚年生活质量，也利于以后探望，王蓓打算送他去敬老院居住，每月2400元费用由王蓓支付。但蒋岳生父不想去敬老院，此事只好不了了之。

血总是浓于水啊！2015年，王蓓的儿媳妇生下龙凤胎。之后，儿子和儿媳，带着孙子孙女去看望爷爷。

"爷爷，爷爷……"当活泼的孙子奔向爷爷，伸出小手，摸摸爷爷的脸，又摸摸爷爷的下巴，甜甜地朝着爷爷笑的时候，蒋岳生父终于感受到真真切切的人间亲情。

年近七十、已身患重病的蒋岳生父一字一句地对王蓓说：

"看来你是对的，你把事业做得这么成功，把儿子也培养得这么好。我也知道你很不容易，吃了很多苦，我现在真的很想过来照顾你。"发自肺腑的话，王蓓何尝不知。由亲生儿子带来的亲情是任何人都无法替代的。蒋岳何尝不想亲生父母不吵吵闹闹，和和睦睦，那该是多好啊！能让下一代还有下一代都感受到一大家子和和美美的天伦之乐。

王蓓的孙女不太爱说话，而孙子很会说。有一次，孙子碰到王蓓，突然说了一句："奶奶，保重身体。"

"你为什么这么说，是不是有人教你这么说的？"

"是爷爷教的。爷爷教我，见到奶奶的时候这样说。"

毕竟曾夫妻一场，时隔这么多年，过去的恩怨随着时间的流逝早已淡忘。如今相见，彼此想到的更多的是关切，而且两人的年纪都大了。

王蓓是个富有孝心的女人，森工站站长年事已高，如今已魂归乡土，但他的妻子尚健在。2016年，王蓓回到故乡奉化以后，逢年过节，只要人在奉化，都会去探望自己曾经的媒人。虽然这是一场不圆满的婚姻，但就像是上面歌曲所唱的那样：

这就是所谓的命运吧

令人无法拒绝的

无法忘记你

千言万语留在心间你也知道吧

从远方归来相见的那一天

第五篇　磨难中前行

人生一路走来，总会遭遇各种磨难。在磨难中，人会变得更加坚强。一个人总会有梦想，有了梦想，就会有奔头。不管这个梦想多么遥远，只要有勇气，只要不放弃，这个梦想就会离自己越来越近。

当上课长

一个人的成功不在于起点的高低，不计较工作的贵贱，不怨天尤人，不与人攀比，而是以积极的心态投入每一项工作中。王蓓从小学高年级的时候开始做草鞋，高中毕业后做过农民，拉过板车，从最基本的劳力活做起，一步一个脚印地向前迈进，炼就了自己坚韧的个性、不怕苦的意志。

反观当下，许多年轻人想创业又吃不了苦，没有坚持的耐力和勇气，好高骛远，最终一事无成。两个时代的人，生活经历反差很大，形成的性格和品性也有着很大的差异，从而会让人深刻地感悟到，不一样的经历造就了不一样的人生观。

在森工站搬运木材之前，王蓓曾做过两年初中教师，算是人生"角色"的第一次转换。除此之外,王蓓一路走来,一直做的是又苦又累的活。就在她结婚的前一年,王蓓应聘到鄞县莫枝中学校办厂做出纳。虽然王蓓从小受父亲的言传身教,很会算账,但实际做起来又是另外一回事。做出纳,每天要登记现金账目和银行存款账目,根据记账凭证报销内容收付现金等等工作。这项工作看起来轻松,其实心粗的人是做不好这个细心活的。光会计算、做账肯定不够,更需要耐心与细致。出纳工作不容许出细小差错,需要爬细小的格子,对王蓓来说,可算是人生"角色"的又一次转换。从小好学、脑筋灵活的王蓓没到一个月,就很快适应了,两三年工作下来,从来没出过纰漏,赢得了校办厂厂长的信任。

一次偶然的机会,王蓓的人生轨迹又出现了一次大的转变。那是1980年8月的一天,有个军人到校办厂买弹簧,来到会计室付款。那年,恰好是中国改革开放的第三个年头,家庭条件较好的或是办喜事添置家具,都时兴自己买弹簧用来包沙发。这位军人也是为了给家里添置家具,需要一些沙发弹簧。当时,王蓓挺着大肚子还在上班,正拉开抽屉要开发票时,好动的胎儿脚蹬母亲的大肚子,把开启的抽屉推了进去。

看到这个情景,这位军人笑了起来,并调侃道:

"你也真是的,挺着这么大的肚子还在工作啊!你的孩子真淘气,不想卖我弹簧呐。"

"孩子快生了,需要用钱的地方多着呢,没办法啊!"

"你真的这么想赚钱?"

"是啊,孩子出生,奶粉、衣服、小床,用钱的地方多着呢,我真想多积一点钱呐!"

"那你怕不怕吃苦?"

"我从小是在吃苦中长大的,身体结实着呢。"

王蓓早早已经算计过,自己做出纳每月工资24元,丈夫干技术活工资比自己高一点,每月从贵州寄来20元。孩子快要出生了,作为母亲总想着,孩子出生后,让孩子吃得好一点,穿得漂亮一点,现在正是急需存一点钱的时候。

在闲聊中,王蓓得知面前的这位军人是海军某部一家工厂的厂长,惊喜之余,多了一份期盼。

"你能吃苦,会如你心愿的,等你生了孩子后,欢迎你到我厂里来试试。"

王蓓心里默默地记着这位军人的话,要不是现在挺着大肚子,真想立马就去这个工厂看一看。

机不可失,时不再来。一个人的命运与机遇时时相连,也许一个意想不到的机遇能改变一个人的命运。对于敢于挑战自己,习惯踏踏实实做事的王蓓来说,面对撞上来的机遇,怎么会舍得放弃尝试的机会呢?

这是一家随军家属工厂,厂名叫海军9403工厂,在职职工只有100多人,但大部分是外包工,业务最忙的时候,外包工就有500多个。按人员数量来看,也算得上一个较大的厂子,是专门为部队做手套的。1981年,也就是儿子出生后的第二年,等到孩子断了奶,王蓓把儿子寄托给了母亲,自己就到海军工厂赴约去了。王蓓找到买弹簧的厂长,厂长真的没有失约,她如愿以偿,当了一名普通的工人,从一名学徒工做起,没做几天,王蓓就掌握了本就不复杂的活。在这里,只要肯埋头苦干,就能挣到更多的钱。

"那时厂里是按件计酬的,我几乎每天早晨7点就来到了工厂,翻墙头,去车间了。"王蓓回忆说。有时门卫看到王蓓和另外一个同事来厂里干早活,会主动来开门;有时为了不打扰门卫休息,王蓓和同事会翻墙头进去。车间主任知道她俩会提前来厂,会告知车间的门钥匙放在哪里。王蓓和同事把所有的机器都开起来,做上一个多小时。当挡车工正常上班时,手套没编织好的,算别人的,如果针头断了,算她俩的。其他的挡车工当然乐意了。下午别人下班了,王蓓仍在工作,甚至饿着肚子一直干到晚上7点,一天只管埋头编织手套,工作长达12个小时,原来一天做4打多手套,猛增到9打。一打12副,9打就是108副手套。进工厂第二个月,王蓓的产量遥遥领先。才来的一个新手就这么能干,厂长看在眼里,喜在心里。厂长默默地在想,这个人这么肯吃苦,一定是块好料,得给她一个更合适的岗位锻炼锻炼。

"你是否愿意做供销,给你个课长干干?"厂长专门找来王蓓,试探她。没想到的是,王蓓没同意。王蓓现在最在乎的就是每个月的收入,当得知当课长的工资还不如现在这样多时,就不同意搞供销了。王蓓从小就是直性子,心里想什么就会说什么。厂长心里是十分清楚的,供销课长是个"苦差事",一年到头经常要走南闯北,如果能让一个敢于吃苦的人去挑这个重担,肯定能给厂里带来更多的效益。为了让这块"好料"用到刀刃上,厂长暗地里许诺,只要她同意当这个课长,每月给她4个人的工资,但不许外传。厂长确实是一个善于用人的"伯乐",不惜重金,敢于打破常规。当时,普通职工分为四档工资:16元、24元、36元、46元。王蓓每月的工资按第二档24元的4倍计算。那个时期,一个女性每月有96元的收入,真的算是超高的工资了。

厂长与王蓓经过一番谈心,又是一番"谈判",王蓓顺理成章地当上了供销课长。于是,王蓓这个新官开始烧起了"三把火"。

任何一种工作都需要付出,但美好的生活是要靠自己的双手劳动去争取的。你有多少付出,就会有多少收获。成功人士往往具有忍耐力,往往需要经历一段忍受困苦的过程,在艰辛中一点点地往前摸索,跌倒了不可怕,要有勇气爬起来,继续往前走,朝着自己的梦想奋进。王蓓就是这样,一步一个脚印地摸索着,为日后姗姗来迟的商海搏击一点一滴地打下了根基。

效益飙升

一个有职务担当的人,要想取得事业上的成功,首先需要具备坚韧的品性,这样才能在艰苦、不利的情况或环境下,克服外部和自身的困难,坚持去完成自己该担当的职责,在种种压力面前不退缩、不畏难。

王蓓自从当上海军9403工厂供销课长,自告奋勇身先士卒挑起重任,常年奔波在全国各地,与各省市的批发站联系、洽谈业务,采购原料,使厂里的效益有了显著的提升。

厂里的供销课里共有8个人,王蓓既是一课之长,又是冲在最前面的一个兵。为了让厂里600多名职工多发点奖金,一年四季外出跑业务时间最长的自然是不怕吃苦、敢于吃苦的课长。

"除了西藏、新疆外,我几乎跑遍了全国,往北到过内蒙古海拉尔,去过最多的地方算是东北三省了。"说起到过哪些地方,王蓓记忆十分清晰。她记得有一次她到营口出差,两只脚差点被冻坏。

辽宁省营口市1月份平均气温在零下10摄氏度以下,历史上最低气温曾达到零下30摄氏度,每年一过11月,土壤就开始出现冰冻现象。那一次,王蓓与同事去东北三省,到了营口这一站时,王蓓真没想到恰好会遇到北方寒流,营口的气温一下子降到零下20多摄氏度。当王蓓与同事走出火车站时,一阵阵刺骨的寒风迎面袭来,眼看着同事穿着长筒皮靴,裹着长长的蓝色军大衣,而自己连棉衣棉裤都没穿,脚上只穿着一双单皮鞋,王蓓觉得这次有点扛不住了。王蓓很会耐冷,此时虽然觉得是很冷,总以为离招待所路不远,咬咬牙能挺过去。火车站离住宿地是不远,只有两站多公交车的路程,但这一次差点要了王蓓的一双脚。

"乘公交车吧,天这么冷。"同事说。

"走走吧,路又不远。"

生活上,王蓓是个很节俭的人,自己省吃省用,而在儿子身上却肯花钱。单位出差时,往往想着的也是两个字"节俭"。节俭的习惯是王蓓从小养成的。工作也一样,能省则省,出差开销的地方多,能省几块钱是几块钱。

"一眼望去,真是冰天雪地。"

王蓓与同事走出车站,屋顶上、树枝上都盖着一层厚厚的积雪。看到人行道上同样是积着厚厚的雪,几乎无法在上面行走。此时,飞雪虽然已经停了,但气温反而更低了。马路边的积雪已被扫除,但地面上积了一层厚厚的冰。王蓓与同事只能小心翼翼地沿着马路边行走。王蓓穿得单薄,走得快,而同事穿着厚重,走不快。王蓓走上一段路,只得站着等。这样走走停停，没过多久，王蓓突然感觉到迈不开脚了。

"快来啊，我走不了了。"王蓓感觉到自己的双腿好像被地面上的冰给冻住了。

"怎么了，让我看看。"等到同事赶到，拉起裤脚看到王蓓膝盖以下的皮肤已经被冻成了紫红色，两条腿已经麻掉了，没了知觉。实在没办法，只能叫来三轮车。骑三轮车的是一个北方大汉子，一把抱起南方来的灵巧小女子。

"刚才不肯花5元钱叫车，现在呢，没法省了吧?"东北汉子一边在后面踏着，一边调侃着南方来的倩女子。不一会儿，三轮车就到了招待所。

"师傅，师傅，快让我烤烤火，我的脚没知觉了。"王蓓大声地叫喊着。

离火车站最近的这个招待所，王蓓以前来过好多次，里面的工作人员对这个娇小可爱的南方女子已经很熟了。

"千万不要啊!"这时，一位上了年纪的师傅一边大声地喊着，一边赶忙跑过来，一看王蓓的双脚被冻成这样，马上叫来服务人员。

"快拿两畚箕雪来。"

这位老师傅用一把一把的白雪，在王蓓的双脚上反复地擦啊擦，一边对王蓓说：

"刚才如果你的脚去火炉里烤了，你的这双脚就完了。"

一个多小时过去了，王蓓脚上的皮肤才由紫红色慢慢地变成淡红色，这时，王蓓才感觉到这双脚又长在自己的身上了。王蓓虽经常出差到东北三省，但遇到这种情况还是第一次。好心的老师傅看到王蓓不会有事了，拿来一个被冰冻住的梨：

"你看呢，这梨如果用热水的话，就不能吃了，只能放在窗边，过几个小时，让冰慢慢化了就能吃了。"

王蓓回忆起这件事时，仿佛当时情景又浮现在面前。王蓓再也不敢过于自信了。此后，每当冬季去东北出差时，她都会穿上冬衣、皮靴。可是，脚被冻僵的事情后来又发生过。那次，王蓓出差到大庆，恰又遭遇冰天雪地，两只脚走着走着就迈不开步子，幸好吸取了上一次的教训，才避免发生"人生事故"。

供销业务是靠腿跑出来的。不怕苦累是王蓓的本性,她在这个职位上终于显现出她的能耐。开始的时候,她与客户不熟,不是那么顺利。有时为了一个业务,需要跑上好几次,一次不行又去一次,两次不行再去第三次。不少客户最终是被她的韧性所打动,被她的诚意所感染的。这样,与工厂建立合作关系的客户慢慢地多了起来,供销的业务也越做越大,特别是东北三省的客户,见到王蓓,就好像见到好朋友一样。

王蓓在雪景中留下的美好记忆

冬天过去,春天很快来临。在王蓓以身作则与同事们的共同努力下,厂里的产销量有了大幅度的增长,工厂效益自然得到显著提升。每个职工的奖金多了,原来每个月发放一次奖金,现在每半个月发一次,而且数额也比原来多了,职工的积极性也被调动起来,厂里的生产状况出现喜人的良性循环。厂长没有看错人,王蓓也没有辜负厂长的期望。王蓓因工作成绩出色,第二年就做起了主管经营的副厂长。

一个人要想在事业上取得成功,必须依靠自己的能量把自己变成坚韧者。人生能使懦弱者变得刚强,也会使刚强的人变得柔顺。如果你已经选择了成功，就必须付出作为一个坚韧者所具备的勇气。唯有坚忍不拔的毅力才能攻克前进道路上的堡垒。一个有毅力的人，往往会获得对方的信赖，获得别人的帮助。

促销路上

一个人无法选择自己的出身，但可以选择自己的人生。如果想活出自己想要的人生，无人能够阻拦。人生需要梦想，做事业何尝不需要梦想。

王蓓走进海军工厂，从最基层的普通员工做起，靠常人所没有的吃苦耐劳的拼劲，踏踏实实地苦干，以遥遥领先的产量，得到厂长的青睐，当上了供销课长。在这个负责全厂产品销售和原料采购的重要岗位上，王蓓拿出了令全厂职工信服的成绩。王蓓也因此得到了奖励，她的农村户口转成了城市户口，由此也有了职务晋升的机会，当上了主管经营的副厂长，令人刮目相看。当然，一个人光有能耐不行，因为怀才不遇的事比比皆是，一事无成的能人随处可遇。像王蓓这样的能人，如果没有厂长这个"伯乐"，也许还不知道在哪里苦苦地奋斗。现在，王蓓拥有了自己正在为之奋斗的"一片天地"，有了自己的用武之地。

当上海军 9403 工厂的副厂长后，王蓓有理由坐在办公室里轻松一下了，但这不合她的本性，实干才是王蓓的本性。这个副厂长是主管全厂的所有经营业务的，领导不带头，怎么管得好下面的一帮人？只有自己以实际行动做出更好的成绩，才能让下属的人信服。王蓓就是这样一个人。

王蓓这个副厂长当成了冲在最前面的一个普通业务推销员，也成了一个普通的原料采购员。当时，海军 9403 工厂的主要业务仍在东北三省，特别是每到冬季的时候，跑东北业务是最苦最累的活儿：一是路途遥远；二是东北冬天的气候恶劣。每当此时，王蓓总是自己带头去做。说起跑过哪些城市，王蓓至今记忆犹新：

"我几乎跑遍了东北三省的省会城市，也去过齐齐哈尔、牡丹江、大庆、沈阳、长春、长沙、北京、河南、湖南等地，还到过北边的内蒙古海拉尔……"有时，她带上一个同事，既要跑省会城市的一级批发站，又要跑其他城市的二级批发站。当时出差没有飞机可坐，都是坐火车；即使有航班，王蓓也是舍不得的。火车上没有软座，每次都是坐硬木椅，连夜奔波是常事。

"记得有一个晚上，我靠着窗户睡着了，不知过了多长时间，醒来时用手摸，发现头皮上好像少了一块肉，吓了我一跳，后来才知是头压在窗户的开关把手所致，过了好长时间，被压凹的肉才慢慢地满出来。"王蓓回忆道。她当时实在是太累了，头上的肉被铁把手压得这么深，也没有觉得痛。坐着火车南来北往，长途奔波，没日没夜，一坐就是几十个小时，有时双脚肿胀得厉害，又痛又麻，一时连站都站不起来。

记得有一次，去黑龙江批发站，结果被困在路途中。透过车窗，看到天色灰蒙蒙的一片，一望无际的纷飞大雪，小雪花变成一个个小雪团，雪越下越大。突然，列车的广播响起，通告旅客列车因积雪太厚，无法继续行驶，短时间内难以恢复通车，现在可以下车找地方休息，凌晨4点半必须回到车上等待通知。此时，刚好是深夜零点，王蓓的同事因感冒正在发烧。王蓓为了能让同事休息好，搀扶着同事下了火车，踏着齐膝深的积雪，高一脚低一脚地走着，有时脚抬起时，皮靴会卡在积雪里，只得用手去拔。

远处一点一点的路灯，在飞雪的笼罩下，泛着淡淡的光，像欲睡的朦朦胧胧的眼。她俩朝着远处淡淡的灯光往前走，来到了附近的一个不知名的小镇，找到小旅社。看到男男女女在一大房间休息，杂音很多，王蓓只得找到旅社的负责人："麻烦你们想想办法，请给我们安排一个小房间吧，我的同事生病了。"

火车上的旅客纷纷到来，客房一下子紧张起来，旅社好不容易腾出一间小屋，她俩终于有了安静的休息之地。那时已到了夜深人静的下半夜。为了让同事身体好得快一些，王蓓想办法弄来了生姜和红糖，熬了一碗汤,让同事喝了下去。忙完后,王蓓看了看表,自己还有一个半小时可以休息,然后就要赶往火车停靠的地方了。

天仍是黑沉沉的,雪花夹着凛冽的寒风还在飞舞。已到赶往火车站的时候了。同事休息了近4个小时,又喝了姜汤,感觉好多了,可王蓓此时头痛无力,浑身感觉冷飕飕的,摸摸额头有点热,估计也是感冒发烧了。

但路还是要赶的,在这个冰雪天地里,没有其他可选择。就这样,两个感冒发烧的人只得相互帮扶,拖着疲惫不堪的身体,一步一步踏着厚厚的积雪,赶往火车停靠点,赶往促销的路上……

东北三省是海军9403工厂的主战场,要开拓新的销路,除了坚守这个阵地之外,势必要拓宽其他营销渠道。湖南、湖北、山西、山东要拓展,西南的贵州、云南也不放过,只要有单下的地方,就是王蓓一行人要奔波的地方。

当时,改革开放的大门已经打开,虽然是部队的工厂,但也被改革大潮推动着前行。王蓓作为负责经营的副厂长,向厂长提出了建议:"如果单单完成军供任务,厂里不会有什么变化,要想让工厂的效益好起来,必须要外接业务。"厂长听了后,也动了心。是啊,现在是改革开放的年代,也该是创新的时候了。工厂要效益,职工也想着能多拿点工资。这是最现实的事情。当然,这得是在工厂完成军供任务的基础上,才能多开展外接业务。经厂长同意后,王蓓要来了自己主动提出的额外任务,自然身上的担子就更重了。

随着销路的不断拓展,原料采购的任务也日益加重。大量手套源源不断地运往全国各地,同时也需要大量的纺织原料源源不断地运送到厂里。当时,正处于中国改革开放的初期,纺织工业得到了快速发展,各类纺织原料如"两纱两布"等产量成倍增长,出口量也同步提高。全国人民使用了30年的布票,于1983年12月1日宣布取消,各种纺织品向全国10亿人民敞开供应,人们可以自由购买面料和服装,国内市场需求十分旺盛。不仅纺织原料产量增加了,改革开放所带来的出口量也大幅度增长,一时间纺织原料成了紧俏品。

海军9403工厂作为手套的生产单位同样需要大量的纺织原料。所以如何保证正常的生产,确保原料供应到位,就成了王蓓眼前的一大难题。营销问题解决了,原料供应一时成了问题。怎么办? 王蓓心里在细细地想着,如何才能解决这个问题……

困难从来不向弱者低头,但在强人面前,再大的困难也会被攻克,只要你有足够的自信,拿出非凡的手段。

放飞梦想

不论是个人的生意,还是集体的生意,生意的实质是什么? 就是利益交换。

"君子之交淡如水。"很多人忌讳将利益和朋友联系起来,以为如果承认了利益是友谊的前提,就会被贴上"势利"的标签。其实,人生中有一部分朋友都是在谋取共同利益的过程中结交的,尽管人与人之间可能会产生各种矛盾,但利益的亲近力不容忽视,它能拉近彼此之间的距离。王蓓最初搞营销靠的是勤劳和艰辛,换来了客户对她的信赖。但在某一特定时期,出现原料紧张状况,如何去解决,还是需要特别的灵活手段。王蓓作为负责经营的副厂长,心里想的当然是工厂的产品如何销出去,从哪里又能够拿到优质的原料。现在,生产规模明显扩大了,需要采购的原料大大增加。解决采购问题,除了人为的努力,还得依靠单位的优势。

那时,海军9403工厂生产的手套,有相当一部分是军供的,几年来,王蓓曾走访过不少的军供站,也熟悉了不少部队里的首长。工厂由于产量的扩大,原料供应不能得到全部保证,需要王蓓负责填补这个"缺口"。随着中国改革开放的大门越开越大,各项各业发展速度越来越快,市场竞争也越来越激烈。在这种形势下,王蓓的原料采购工作受到一定的冲击。有一次,王蓓去上海外贸仓库办事,顺便走访了上海的军供站,恰巧遇到了上海军供站的站长。

"王蓓,想不想来我们这里干?"

王蓓记不起这是第几次来上海军供站,站长与王蓓已经很熟了。

"我在厂里已经做惯了,没想过换单位啊。"王蓓心里怎么想就怎么说。

"如果你同意来我这里,我可以给你团级的待遇,再给你安排一套住房,在上海虹口区水电路。"

站长知道王蓓是个能吃苦又能干的人,真心想留在自己身边当一个得力助手。

"首长,我现在合适在工厂里干,可能不是在部队干的料。"王蓓婉拒了站长的再三邀请。

几年下来,王蓓已经习惯了走南闯北,真的要她在部队里静下心来,难以想象会是什么感觉。此时,王蓓想的是如何解决生产原料问题。

那些年头,王蓓经常会去上海军供站,每次到上海总会去和军供站的人聊聊天。海军9403工厂的一些职工都是军供站军人的家属或者亲戚,所以彼此都有关心的话题谈论。王蓓常会问:"你们需要什么,只要我能提供的,尽管说。"当然军供站的人也不会忘记王蓓给军供站带来的好处。王蓓来到上海军供站的时候,时不时能拿到几张军需票,多的时候有十几张,这样次数多了,算起来总共拿到过100多张军需票。

当时,中国改革开放虽然已经进行了好几年,但是有不少商品还很紧缺,一个普通百姓想买一台金星彩电、一辆永久或凤凰自行车或者一台蝴蝶牌缝纫机等紧俏商品,光有钞票是买不到的,首先必须手头上有票。据当时的黑市行情,一张这样的军需票至少值50元,那时,普通职工一个月的工资才一两百元,可见这样一张票子分量也不小了。几年下来,王蓓手头上曾拥有100多张能买到紧俏商品的军需票,在一路走南闯北的行程中,自己一张不留地把这些票都送给了与厂里业务有关的客户。别看只是小小的一张张票子,它们拉近了人与人之间的距离,这些票子让王蓓在全国各地打下更牢固的人脉关系起到了催进效果。别人拿不到的原料，王蓓能拿到。王蓓用这些票也巩固了工厂与老客户的关系。如今看来，王蓓的攻关手段不正道，但王蓓为了厂里的利益，为了600多名职工的利益，她管不了正道不正道。特殊时期，采用特殊办法，当然有了特殊的事情发生，也需要用别样的眼光去看了。

但是解决供销问题，攻关只是一种辅助手段，重要的是靠正确决策。当时，纺织原料中最为紧缺的算是棉花了，但兔毛、化纤相对来说则容易搞到，所以海军9403工厂决定，部分产品用兔毛和化纤来做。这样，既缓解原料供应问题，又能增加产量。军供的生产任务保质保量完成后，工厂的额外生意也开了花。

王蓓兢兢业业工作所取得的成果，厂里上上下下都看在眼里。因此，她连续多年被评为厂里的先进生产工作者，也享受到奖励。这在当时是十分令人羡慕的事。

人无完人，金无足赤。王蓓自从1981年进入海军9403工厂，一直干到1989年上半年，算起来有9个年头。在海军工厂工作期间，王蓓一心想着，在完成部队规定的生产任务的前提下，怎样把厂里的生产业务搞上去，以及想着怎样让自己和职工赚到更多的钱。可以这样说，她是一个敢于担当、敢于吃苦的人，但她何尝不想自己能干出一番属于个人的事业呢？那个年头，改革开放的浪潮越滚越猛，深深地冲击着王蓓的内心，她从小就有的致富梦想被强烈地激发出来。

就在1989年那年，王蓓出差到了深圳，看到那里的高楼大厦平地起，碰到过去的朋友做生意发了财，买了好几套新房，她心里着实受到了很大的冲击。在那个"改革开放富起来"的大好时代，王蓓心里在想："我也该自己到商海中去搏击一下了。"这次从深圳回来，王蓓果断地向厂里提交了辞职报告，虽然厂里几次三番地苦苦挽留，但王蓓没有犹豫不决，而是果断离开了令她一生难忘的工厂。

梦想的风筝一旦飞上蓝天，就会让人充满丰富的想象。也许这个梦想还显得那么不清晰，但还是希望放飞的风筝能飞得更高，飞得更远。王蓓果敢地从海军工厂辞职的那一年，已经34岁了，正值人生中大好的追梦时节。不管在天空中会遇到多大的电闪雷鸣，不管会遇到多大的风吹雨打，从小就充满梦想的人，总都想去试一试，想去搏一搏！

初涉商海

自1978年末开始至1988年，中国的改革开放已走过了前10年"摸着石头过河"的时期。到了1989年，中国改革开放开始向"深水区"迈进。那时，一批又一批有志于创业的弄潮儿，敢于闯荡商海，在改革的大潮中去搏击，去追寻自己的梦想。就在这个时候，王蓓急于干出属于自己的一番天地，于是随着改革的大潮，她成了敢于弄潮队伍中的一员。

经朋友介绍，王蓓认识了怀着同样梦想的两个新朋友：一个是慈溪的水产养殖大户，另一个是宁波的建筑设计师。三人凑在一起商量，决定注册一个水产经营部。水产品由养殖大户提供，销路由王蓓来开拓，设计师因为是搞建筑的，有一帮子朋友可以做帮手。可问题出来了，按当时的政策要求，注册企业需要注册资金30万元。这在当时来说，这笔资金不算小，三个人一时也凑不齐这笔资金。怎么办？既然大家决定要这么干，首先得解决企业注册的事。养殖大户要鱼多的是，要资金没这么多，建筑设计师也没多少钱，只有多出力。最后还是王蓓出面借到了30万元。

王蓓联系了奉化一家手套厂，因过去与海军工厂有业务往来，所以彼此都很熟悉。

"我想搞个水产经营部，需要30万元资金用来企业注册，如果你能帮我，我也帮你拿到600万元的订单。"王蓓与该厂厂长如此协商。

王蓓在海军工厂做了多年的副厂长，搞供销确实有自己的一套，她的人品在圈子里都是知道的。既然王蓓这样说，厂长也相信王蓓有能力兑现自己的诺言，于是同意借给王蓓30万元。

注册资金有了，由三人合伙的宁波江东水产经营部终于成立了。

可是，600万元的订单是一个承诺，兑不兑现事关一个人的诚信。

而王蓓把守诚信看成自己的生命一样。于是,她又拿出做供销时候的劲儿,开始走南闯北了。以前建立起来的广泛的人脉关系,为王蓓的创业带来了极大的便利,王蓓如鱼得水,只经过两三个月奔波,不仅跑来了手套厂600万元的订单,也给水产经营部跑来了单子。30万元在短期内一次性还给了手套厂,王蓓自己的经营部也开始有了一些客户。

资金问题总算彻底解决了,该想想怎么把经营搞上去了。首先淡水鱼养殖需要大量的鱼饲料,去哪里采购合适? 王蓓曾在贵州生活过一段时间,知道那里有一家饲料厂在生产油籽饼。经过实地了解,这个厂的饲料不仅价格低,而且质量也不错。该节省还得节省。于是,王蓓舍近求远,与这家油籽饼厂有了业务联系。至于订单的事,王蓓是不担心的,以前的熟悉客户都是争取的对象,订一些销售单子不是大问题,中间环节的运输可与铁路部门联系。该处理的事处理好了,水产经营部正处于顺风顺水的时候,意想不到的事情发生了。

王蓓三人合伙的水产经营部本来已开始走上正道,却被突如其来的一场风波冲击得没法维持。与贵州油籽厂预订好的鱼饲料因交通被堵,迟迟发不出货,为此三人合伙的水产经营部一下子损失了20多万元,这对一个小型的私人企业来说,是一次沉重的打击。那时,风波还未平,水产经营没法继续下去。王蓓与两个合伙的朋友,眼看开始赚到了一点钱,可一下子损失了那么多,心痛不已。开业不久,就遭挫折,王蓓人生中第一次创业因受外界影响以失败告终。

赚了小钱,丢了大钱,宁波江东水产经营部留下了一个急需填补的窟窿。为了填补这个窟窿,王蓓不得不捡起了老本行,只能依靠原有的关系,做起了纺织原料的生意,从上海进货,再销往全国各地。没过多久,补上了水产经营部的这个窟窿,而且三个人还平分了剩余的五六万元钱。

在人生的征途上,什么时候会在什么地方遇到挫折,谁也无法预料,特别是意想不到的突发事件更难预知。王蓓第一次与人合作创业,就遭遇了挫折,对她内心打击可谓不小。初次创业的梦想虽然破灭了,飞到蓝天的梦想风筝一下子断了线。何时才能让梦想的风筝再一次飞上蓝天呢？王蓓内心蕴藏已久的梦想何时才能真正实现？那时的王蓓真的不知，不敢不现实地想了很多，也没想到过后来真的会让载有梦想的风筝飞上高高的蓝天里。

柳暗花明

逆境，对于强者而言，是一种锻炼；对于弱者而言，是一场灾难。面对逆境，强者会保持平静的心态；弱者会灰心丧气。因此，弱者是不会被人注意的，而强者往往会引起他人的关注。强者的品性往往是会受人欣赏的。

自从王蓓辞职离开海军9403工厂，鄞县主管工业的县长就派人打听王蓓这个人，打听她现在究竟在做什么事。当得知王蓓退出商海，闲在家里时，鄞县的华侨工厂急忙派人找到她，请求她来工厂担任厂长。

那时，王蓓第一次与人合伙创业，遭遇了意外的打击，眼下也没多少资本东山再起。心里想着，闲着也是闲着，不如再去干点实实在在的事情。现在有人来找，她经过一番思考后，同意去华侨工厂接受新的挑战。

鄞县华侨工厂是由鄞县侨办、鄞县二轻工业局和鄞县二轻工业公司三重领导的侨眷家属企业，生产的产品主要是羊毛衫，有100多名职工。厂子规模比海军工厂要小得多，管理任务理应也小得多。可事实上，王蓓担任厂长后，好比跳进了一个"火坑"，等待她的是各种各样的煎熬。

该厂面临的最大问题是负债累累，也快要到了职工工资发不出的境地。王蓓受命于危难之际，知道要在困境中重生，不是件容易的事。此外，还面临的一个问题就是同事的不信任。是啊，一个年纪轻轻的女子，凭什么本事一来就当起一厂之长？两个副厂长表面不说，心里当然不服气啦。

当时，华侨工厂因厂长患病，一时无法履职，王蓓由政府部门任命当起厂长。前段时间，该厂因为搬迁，造了新的厂房，背负着100多万元债务,日常资金周转不过来,职工的工资能否按时发放也成了一个问题。王蓓到该厂报到一个星期后,任命书正式下达。王蓓心里想着,既然得到政府的信任,当起了厂长,就得为政府负责,为厂里的全体职工负责。要解决厂里面临的困难,首先要解决的不是自己能不能得到同事信任的问题,而是如何把生产搞上去。产量上去了,效益上去了,厂里才会有钱发工资,才有钱还掉所欠的债务,这才是首要任务!

王蓓就任厂长伊始,首先遇到烦心的事是因债务引起的讨债风波。债主派来一伙人三番五次地上门来讨债,甚至手里拿着刀子威胁要钱,否则要王蓓"好看"。

欠债还钱,天经地义。王蓓面对讨债的人,只能耐心解释:"厂里眼下实在没钱还债,但要相信,工厂一定会好起来,债务一定会还清的。"王蓓当时还能怎样,难道还有其他办法?厂里实在没钱啊!

愿望总归是愿望,但做起来却是另外一回事。要让生产一下子搞上去,谈何容易啊?每当夜深人静的时候,王蓓躺在床上,何尝不在想眼前的困境究竟如何去解决,心头上仿佛压着一块重重石头。此时此刻,王蓓深深地感觉到,当这个厂长可不容易了。回想在海军9403工厂当经营副厂长时,虽然东南西北地跑,累是累了点,但至少没有这样的烦心事。

债主要王蓓"好看",结果王蓓真的被"好看"了。在回家的路上,她好好地骑着自行车,却一次次地被地上的铁钉刺破轮胎。有一次,不知从哪里飞来的铁棒,一下子穿进车轮中,"嘭"的一声,王蓓连车带人重重地倒在地上,所幸人受伤不重。难道自己真的这么倒霉?想想也没这么巧合,王蓓明显觉到自己的遭遇是有人故意为之的。

债主的钱是该尽快地还掉,可看到工厂的目前困境,还钱好比"纸上谈兵",王蓓心有余而力不足啊!首先得让工厂的生产恢复正常,把生产搞上去。可厂里连必需的设备都缺少,产量怎么做得上去啊!大型的甩干机没有,烘干机也没有。如果买新的,需要10多万元。厂里本来已经快发不出工资了,工人们低落的情绪也严重影响到正常的生产,哪还有钱去添置新的设备？

没钱也得想想办法啊！王蓓心里在细细地寻思着："在海军工厂联系业务的时候，诸暨有一家华侨开的厂里，有一套设备闲置着，不如去借借看。"

既然看到了一丝希望，不妨去试试看。于是，王蓓立马去诸暨这个厂登门拜访，没想到自己的面子真管用，老板深知王蓓的为人，二话没说就同意了。

急需的设备解决了，生产也渐趋正常，可效益不是一下子就能体现出来的。厂里负责后勤的和主管生产的两个副厂长不予配合，抱着消极的态度在观望，一些工人以种种借口消极怠工，甚至出现罢工现象。有一天中午，王蓓在食堂吃饭的时候，当着众人的面，真的烧起了"一把火"："谁不愿干，可以回家，人员不够，业务可以外包，人在厂里，就得安心工作。我可以保证，工资一定按时发放，厂里没钱，我去借！希望大家要有信心，只要产量上去了，工厂的状况肯定会越来越好，只要好好干，奖金少不了。"

新厂长既然当着大家的面表明了态度，不管职工们相信不相信新厂长的话，至少在职工心里有了一份盼头。

厂里借来的两台大型设备立马产生了效益，产量有了大幅度的提升，可是问题又出来了。产量大了，平时周转的资金不够了，怎么办啊？一个问题刚解决，另一个问题又冒出来了。费心的事自然又由当厂长的王蓓去解决。此时，两个副厂长还不信赖她。

那时，鄞县有一个厂很有名，被誉为"高桥一个乡，不及古林一个厂"，说的就是当时位列全国纺织行业500强的宁波针织衫厂。这个厂的厂长叫施祥龙，比王蓓长8岁，他俩是在北京开会的时候，经县侨办主任介绍认识的。王蓓很自然地想到财大气粗的施厂长，向他借钱会不会同意，是个未知数，但去了才会有希望。王蓓找到施厂长，说明来意，施厂长只提了一个条件："钱可以借去，但要计利息。"

事隔27年，施厂长面对王蓓和作者说：

"我当年为什么同意借钱,与县侨办一点关系都没有,我就是相信她的为人,说得简单的话就是两个字:诚信。"

50万元的钱借到了,生产周转资金有了,产量一个月比一个月增长。接下来就是销售的问题了。这个问题对王蓓来说不是问题。在海军工厂主管销售时,王蓓走南闯北9个年头,积累了丰富的客户资源。一些老客户见到王蓓,就像是见到了老朋友。多年打下的基础,这下又可发挥作用。产品的销路有王蓓在,不是问题,原料的采购也能同步得到解决,工厂的效益很快体现出来,厂里的所欠债务在逐月减少。

王蓓担任华侨工厂厂长没几个月,厂里的生产经营状况就有了明显的好转。王蓓不仅得到了原来心存怀疑的两位副厂长的信赖,也受到了厂里全体职工的赞誉。厂里再也不用为发不出工资而烦恼,产销形势也在逐月步步提升。

但华侨工厂毕竟是一个背负巨债的企业,债务就像一块巨石,沉重地压在身为一厂之长的王蓓身上。如何才能还掉100多万元的债务?势必要寻找到新的途径,大大拓展供销渠道,这样才能救活这个厂子。王蓓心里在暗暗地寻求答案。就在王蓓上任后的第二年,机会终于来了。

天无绝人之路。人们常说,船到桥头自然直。王蓓正在苦苦寻求出路的时候,就真的遇上了"柳暗花明又一村"。

起死回生

机遇极为宝贵,稍纵即逝。作为一个企业,能不能在逆境中求得生存,求得发展,当机遇来临时,能不能抓住它是一个关键。当你看到一个机遇来到了,并且抓住了它,企业才会有前途,让你从中赢得主动,赢得成功。

1990年,中国改革开放已进入"深水区"。就在那年6月,国家外经贸部在哈尔滨市举办了"中国对苏联、东欧国家经济贸易洽谈会",即组织全国有对苏联、东欧国家经济贸易经营权的公司及苏联、东欧国家客商参加一个区域性的国际经贸盛会。这次盛会架起了中国与苏联、东欧国家经济贸易的桥梁。王蓓得知这是一个难得的寻求商机的机会，于是来到她熟悉的城市哈尔滨，与哈尔滨供销社取得联系，并参加了首届哈洽会，最终的结果让王蓓喜出望外，她拿到了一个大订单——100万件羊毛衫供销合同。苦苦寻求出路的华侨工厂，终于迎来了彻底转变的大机遇。

一下子拿到这么大的订单，凭华侨工厂的生产能力无论如何都做不到按时交货，于是王蓓跑向温州、诸暨，寻找相关的工厂，联系有能力接单的厂子，把整个订单切块分割，把自己来不及完成的这部分外发出去。王蓓从来没有接过这么大的订单，最后终于把这个订单分割好了，心里悬着的一块石头终于放下了。可是，随即又碰到了一大难题急需解决。

生产已经在超负荷运行，眼看效益很快就能上去，体量做大了，可资金需求量也越来越大。原料买不到，王蓓可以通过原来的人脉关系去想办法解决，但周转资金告急，这可怎么办？职工工资无论如何不能拖欠，这是王蓓曾当着职工的面承诺过的，没有钱，借钱也得按时发工资，但进货的资金也是少不了的，否则怎么保证正常的生产运作。

当时银行的一笔贷款需要支付十几万元的利息，如果按时付了这笔钱，周转资金就显得更加局促。是不是求助银行，缓一缓这笔钱？王蓓心里真的没底了。

王蓓是个讲诚信的人，到期不付就是违约。可违约的事，王蓓什么时候做过？没有。

"10多万元的贷款利息是否可以缓一缓，厂里现在急需资金进货，赶工期。"王蓓来到工商银行，向银行工作人员提出了求助。

但银行有银行的规定，不可违反规定。

"你们是什么性质的企业？"银行工作人员真的很为难。

"我们是侨眷家属企业，产品百分之百出口。"

"你们这样的企业可以退税，你等一下。"

银行工作人员查阅了相关资料并做了计算，认认真真地对王蓓说："根据相关政策，你们工厂还可以得到20多万元的退税奖励。"

听到这句话，王蓓如释重负。她用这笔退税缴上利息，还多出些，真是天助她也。当时，王蓓正忙前顾后，真不知道还有这样一个新的优惠政策。

眼前的困难终于过去了，但资金紧张的局面始终困扰着工厂。有一个港商拖欠货款有一段时间了，得尽快讨回来。于是，王蓓踏上了赴港的行程。到达香港后，王蓓如实地向港商述说了厂里的生产经营情况，以诚实的态度，打动了同样遇有难题的港商，最终港商想办法先了结了华侨工厂的货款，让王蓓了了心愿。

王蓓自从做了负债累累的华侨工厂厂长，遇到的困难一个接着一个，自始至终在磕磕碰碰中前行。经过一番打拼之后，王蓓终于在当厂长的第四个年头还清了所有债务，把一个濒临死亡的厂子救了过来。

短短三四年时间，一个濒临破产的企业在王蓓的带领下，经过全体员工的艰苦奋斗，咸鱼翻了身，重新焕发出新的活力。一位港商听说这一感人的故事之后，动了心，萌发了向这一工厂投资50万美元的意向，专程前往宁波市鄞县考察。

缘系香港

一个在逆境中奋进的企业，才会具有更强的生命力。就企业领导者而言，其个人性格对企业会产生深刻的影响，具有独特的富有拼搏精神的个人形象对企业来说，也是一笔无形的财富。鄞县华侨工厂之所以会在濒临绝境的时候否极泰来，离不开王蓓个人所具备的能耐和韧力。一个港商不远千里，前来考察投资，看重的是这样的企业有着与一般企业不一样的生命力。

1992年，一位已过古稀之年的港商在大女儿的陪同下，来到宁波，实地察看了鄞县华侨工厂，详细了解了生产经营情况后，最终决定投资

50万美元,用以扩大再生产。然而,让王蓓意想不到的是,投资协议尚未签订,厂里就出来有关50万美元的投资安排。

华侨工厂是属于三重领导的企业,王蓓作为一厂之长,上面的"婆婆"多。至于投资的决策权属于政府主管部门,王蓓是无权做主的。港商还在宁波,50万美元投资协议尚未签订,王蓓就听到了这笔投资的安排:买两辆车,一辆归王蓓使用,一辆归政府部门使用,还准备组一个团去出国考察。投资协议还没敲定,如此耗资的计划已经拟定出来了,王蓓真是担心投资不到位。

"港商投资是用来扩大再生产的,理应用在生产上,是借鸡生蛋。"

王蓓回忆起这件事时,仍觉得当时她实在无奈。

王蓓是一个直性子的人,在宁波华园宾馆的一次宴会上,王蓓把港商的大女儿请到了房间外面,婉转地对客人说:

"我看你们还是不要投资了,因为这笔投资款我控制不了。"

"王厂长怎么了,人家巴不得抢到投资呢,到手的钱你为什么不要?"

王蓓含蓄地说出了事情的原委,港商得知大概的情况后,深深被王蓓的诚实所打动:

"你这个人很诚实,很难得,应该去香港看一看,也许香港更适合你的发展。"

这次本该成功的投资,结果不了了之。王蓓说出了实话,但同时也给她带来了前所未有的压力。此后,一件件让企业利益受损的事,让王蓓萌生了离厂的念头。一些人借着各种各样的名头,时常到工厂仓库里买产品,一件羊毛衫仅付5元,还是记账形式,可是羊毛衫的成本要45元啊!每被拿走一件羊毛衫,工厂就要贴进40元。看到工厂的利益就这样受损,王蓓痛在心里,又有苦说不出口,实在是太憋屈了。王蓓想了很多,又想了很久,最后下定了决心,离开了这个好不容易从绝境中冒出生机的工厂。

商务谈判的最高境界该是以心换心吧。真诚能让人信赖,王蓓的诚实搅黄了港商的投资,也给王蓓人生之路带来了不平坦的经历。她的人品着实赢得了港商的青睐，正因为王蓓的诚实深深地感动了港商，港商回去没有忘记她，也没有忘记曾经对她说过的话。同年的一天，王蓓接到港商的邀请，请她到香港一游，好好地走一走，看一看。

1992年的一天，风和日丽。王蓓跟随旅游团又一次来到香港，来到了碧水荡漾的维多利亚港口。但这次与去港讨债不同，王蓓是怀着复杂的心情，以旅游者的身份去的。她至今还非常清楚地记得浏览黄大仙祠时发生的匪夷所思的奇怪事情。

黄大仙祠是香港最著名的庙宇，在海内外享负盛名。黄大仙，又名赤松仙子，以行医济世为怀而广为人知，故得后人建祠供奉。整个庙宇占地18000多平方米，除主殿大雄宝殿外，还有三圣堂、从心苑等。其中以牌坊建筑最具特色，充分表现了中国传统文化。

1921年前，黄大仙祠原设于广州。广州的黄大仙祠已有百年历史，只因当时广州的政局非常复杂。当时广州由陈炯明所控制，他突然以"革命者"自居，说要破除迷信。黄大仙庙在军阀借破除迷信之名，而刮地为实的时代里，自然也受到了影响。幸得香港绅商李亦梅、谭杰生、梁仁庵、郭述亭等人，把黄大仙宝像接到香港，安奉在啬色园内，才使黄大仙宝像得以保存。啬色园本来是上述几位绅商的私人修道别墅，1921年初接黄大仙像来港时，并不任人参拜的，但因后来参拜者日众，各绅商平日乐善好施，于是就定下开放时间，并将香火收入拨充善举，赠医施药，年年无间。黄大仙祠经历过第二次世界大战，日军飞机多次采用地毯式的轰炸，但祠中一草一木安然无恙。若问前程，趋吉避凶，到大仙庙上头炷香，会是不错的选择。每逢年三十晚，很多善信带着香烛祭品，到黄大仙祠霸头位，争上头炷香，取其好意头，来年可以事事顺境，得心应手，衰运也转为好运。求签问卜成为香港的地道农历文化。

黄大仙祠是去香港旅游者必到之地。王蓓随旅游团一行48人来到黄大仙祠，由于旅游大巴不允许停靠路边，导游说一个半小时之后准时在小门集合。王蓓不信这些，但就像很多人一样，也免不了去烧香拜佛，抽签解惑，问个前程，以求心理慰藉。王蓓买了几支香，来到黄大仙像前,点燃香,跪在垫子上拜了三拜,抬起头时,顿时觉得眼前直冒星光,眼睛里全是香灰,眼前顿时出现一片幻觉。她不知什么原因,也许是香灰刺激眼睛所致。

王蓓自从华侨工厂辞职后,心境一直不平静,时不时地会考虑自己的前程及今后自己的路究竟怎么走,内心蕴藏着说不清的愿望,而这个愿望又是朦朦胧胧的,急需要一位高人点拨。此时,王蓓的内心复杂,乱象丛生,真的感觉到自己有点控制不住,幻想联翩。

王蓓请道士看了个相。道士细细地看着王蓓的手:

"你是一个劳碌人,吃了不少苦。苦尽自然会甘来,人生否极会泰来。我觉得你会时来运转的。今后,香港也许是你结缘的地方。"

王蓓看相是寻求精神上得到些许慰藉,以求心理上能得到平静的。她一看手表,时间不早了,赶快找小门吧。此时,却怎么也找不到小门在哪里?还是赶快找人问问吧。当来到之前来过的"三打白骨精"暗道时,里面一个熟悉的面孔也没有,走到外面,又是刚才的老地方。王蓓心里在细细地想,小门本来就在这个地方,怎么会找不到呢?当终于看到一个祠内的道士时,王蓓赶忙过去问:

"师傅,小门在哪里?"

"不是在这儿吗?"道士用手指了指方向。明明小门就在眼前,王蓓怎么老是视而不见?也许是王蓓此时心神不定,看不到随团的人,心里太紧张的缘故吧。

总之,王蓓终于看清楚小门就在前面了。走出小门后,王蓓找到了正在焦急等她到来的旅游团。登上大巴后,导游开起了玩笑:"最年轻最活络的一个人,结果却是最后一个到,看来黄大仙想叫你留在香港了。"

没想到的是,导游的一句玩笑话,两年后竟成真了。

1994年,王蓓因婚姻关系,赴香港定居。

第六篇　转机终于来了

经历几多历练，几多曲折，人才会慢慢地变得坚强。一个人一旦具有了挑战精神，才会站在高处看得更远。失败不可怕，可怕的是失去勇气。当深处困境的时候，要学会宽容，不要怨天尤人，转机总是留给历经磨难的人。

公司倒闭

名声对于一个人而言，也属于一种社会资源。有了名声，往往会给你带来更多不寻常的经历，也许是幸运的，也许是苦涩的。但是名声给你带来的资源真的不是一句话能概括完的，只有你在人生路上有了复杂曲折的历练，才会有由浅入深的感悟。

1993年，王蓓还未到不惑之年，不论是在海军工厂当主管经营的副厂长的经历，在鄞县华侨工厂当厂长的经历，还是自己与人合伙做生意的经历，不论成功还是失败，都经过了几多磨难，几多历练，积累了几多实战的经验，在鄞县的"二轻"圈子里，名声不小。王蓓从鄞县华侨工厂辞职后，有一港商慕名找到王蓓，希望能与她合作，搞一个公司，生产纺织品。

港商姓俞,字国浩,他的哥哥俞国荣曾与王蓓打过多年的交道。王蓓在鄞县华侨工厂做厂长时,生产的羊毛衫属于半成品,最后的工序钉纽扣、贴商标都是由一个香港企业来完成的。这家香港企业的老板就是俞国荣。几年生意场上打交道下来,俞国荣深知王蓓是有能耐的。

王蓓能把一个濒临倒闭的工厂硬生生地救活过来,除了抓住哈洽会的机遇之外,绝对离不开她的个人因素。王蓓肩负重重压力,和职工们苦苦奋斗了三年多,才让这个厂子有了春的气息。只可惜,王蓓遇见了她不想看到的情况,心里产生种种顾虑,担心这样下去自己难以左右局面,思考再三,决定还是退出,辞掉了华侨工厂的工作。

就在那一年,俞国浩通过哥哥的关系找到王蓓,希望共同创业。经过洽谈,最终双方决定携手合作。由王蓓和俞国浩各出资5万美元,在鄞县注册公司,在古林镇选址开办了宁波国蓓针织有限公司,主要生产兔毛衫,还有围巾。对王蓓来说,开办这个公司还是下了很大决心的。王蓓虽然前后做过十多年的经营副厂长和厂长,已有一定的积蓄,但一下子要拿出5万美元,当时她真的没那么多钱,有部分还是从亲朋好友那里借来的。公司开办后,招聘了20多个职工。合资人俞国浩委托公司里做出纳的外甥女和管仓库的娘舅参与日常管理。俞国浩的祖籍与王蓓一样,都是奉化。

当时,纺织品市场的确很红火,但问题往往不在表象,而是潜在的。这恐怕是王蓓和俞国浩两个合资老板都没有预料到的。

从1978年开始至20世纪90年代,这一时期是中国纺织产业的调整期。纺织产业改变了原来的计划经济体制而转向市场经济体制,推行了多种形式的经济责任制,通过兼并、租赁、参股等多种形式调整了企业的经营机制,并运用价格手段调整了纺织品市场的供需关系。纺织经济的市场化、社会化程度日益提高,纺织产业的各种经济效益指标有了明显改善。

20世纪80年代末以来,我国纺织产业进入快速增长期。这说明了纺织品市场的表象十分红火。但与此同时，纺织产业内的重复建设现象已经到了非常严重的地步，企业间就开始出现了恶性竞争，并有越演越烈之势，就在这个当下，也就是宁波国蓓针织有限公司的开办之时。

由于市场竞争激烈，生意上最大的问题倒不是没有订单，而是因订单带来的货款拖欠问题。为了多抢几单生意，厂商难以做到货到付款。每个单子虽然金额不大，比如发往香港的单子每单一般只有六七万港币，但一旦单子多了，货款拖欠时间一长，就不是一笔小数了。

"生意不好做啊！"

说话一向直爽的王蓓回想起当时的情况时说。

有一次，香港下了一个8万美元的订单，货已发到深圳，等待订货的款子。王蓓怕货款没到就发货，风险太大，问俞国浩咋办？王蓓心里矛盾着，现在生意难做，放弃不做，当然没有货款被拖欠的风险，但8万美元对他们小公司而言，算得上一个大单了。公司一年的营业额才300多万元人民币啊！

"先发货吧，货款由我来负责落实。"

俞国浩也知道放弃可惜，承担了这笔生意的主要责任。后来，这笔货款真的出了问题，王蓓也曾去催讨过，但也没要回来。

王蓓可不是不敢担责任的人，与内地联系的业务都是王蓓一身全挑。当时，由于市场恶性竞争，王蓓虽然拥有广泛的销售渠道，但为了抢单也付出了沉重代价——拖欠的货款，最后成了呆账。北京公司拖欠的80万元货款成了呆账，哈尔滨一供销社拖欠的30万元货款也是一个呆账，还有上海的属于王蓓的个人业务也拖欠了48万元。拖欠的货款数字一旦放大，就会让公司的日常运作无法正常进行下去。回想前10年，王蓓是几经磨难，一步一步走过来的，她曾领导的是拥有600多人的工厂，如今与人合伙办这么一家小公司，却这么举步维艰。拥有这么广泛的营销渠道，推销这么一点产品，怎么变得如此艰难呢？

随着中国改革开放的步步深入，市场形势今非昔比。王蓓思前想后，这样下去怎么行？其实，不是王蓓的能力变弱了，而是当下市场的形势变得太快了，是常人难以想象得到的。王蓓再一次体验到商海真的变幻莫测，难以把控。

王蓓确实是一个果敢的人，她与合伙人俞国浩说，这样下去不行啊，赶快了断，不能再犹豫不决了！俞国浩也知道这样下去，情况会越来越糟糕，不如快刀斩乱麻，长痛不如短痛。两人意见统一后，注销了成立不久的公司。鄞县国蓓针织有限公司终因巨额货款拖欠，致使经营无法正常运作而倒闭。

之前公司销售了1000多万元的兔毛衫和围巾，按理说是赚到了不少钱，但赚到的都是拖欠的货款，而且这些货款还都是躺在呆账里的钱，看得到而拿不到。两人分手后，有一个约定：香港的8万美元的呆账抵俞国浩5万美元的投资款，由他负责来追讨；内地的货款如哈尔滨的货款、北京的货款等由王蓓负责追讨。

王蓓与俞国浩因合资做生意，算朋友一场，但遭遇了失败，结果分道扬镳。如今说起俞国浩，王蓓说："我们现在已经成为很好的朋友了。"

人生难免会遭遇挫折，有挫折的人生才能让你在拼搏中体验到征战过程中的艰辛，在艰辛的痛苦中，让你感悟到世界上没有一件东西可以取代顽强和坚韧。挫折既是挑战，更是砥砺。

只有经历了风雨，人生才能站得更高看得更远。王蓓的人生何尝不是如此，她面对挫折，没有轻言放弃。当再一次遭遇生意场上的失败，王蓓更深刻地领悟到，生命的价值在于拼搏，只有经过不断地拼搏，才有可能遇见暴风骤雨过后所呈现的绚丽彩虹。王蓓没有被失败击倒，她仍在坚守梦想。

大单搅黄

一个人之所以要选择干一件事，除了迫不得已，要养家糊口，非干不可，还有很大可能就是因为太熟悉了。这可以说是一种本能，到了一种全新的环境，就会自然而然地体现出来。

王蓓因商圈朋友介绍，与一年龄相近的港人结婚。因此，从1994年9月起，赴港定居。香港对王蓓来说已不陌生，此前，她因工作关系和受港商邀请，已来过两次。但这次可是完全不一样了，王蓓即将以港人的身份，要在香港生活工作了。

刚到香港，做好身份证和回乡证需要整整两个月。她可是一个闲不住的人。很自然地，就是找事干。那时，香港还没有回归祖国。作为全球金融中心之一，中西方文化交融之地，港人的工作要求和生活方式等与内地有较大区别，当然也有相通之处，那就是港人也讲广东话。在香港找工作，不少场所要求员工会说广东话。可是，王蓓来自宁波，广东话不会说，也听不懂。去麦当劳上班的话，时薪30港币，到银行里卖六合彩，时薪60港币，王蓓感觉待遇不错，可对方得知她不会用广东话交流，只能作罢。

在家里干等证件不是回事。这次来香港之前，王蓓曾做过十几年主管经营的副厂长、厂长，完全算得上一个在商圈中的人。一时找不到适合自己的工作，王蓓干脆做起了"观察员"。经人介绍的也好，不认识的也好，她在香港的商圈里，专门跑对外贸易的公司，了解这些公司需要哪类纺织品，特别是羊毛衫。因为羊毛衫这一块，王蓓是再熟悉不过了。

身上一时没证件，出了内地一时回不去。就在等证的两个月内，经合作伙伴俞国浩介绍，王蓓接触到一个香港贸易商。据港商说，他们有库存羊绒衫，可以很低的价格出售。于是，王蓓每天奔香港商业大厦，结果找到一家贸易公司需要120万件羊绒衫，出口美国。当时，负责这项业务的人不在。接下来的几天，王蓓天天跑去找人，终于找到了业务负责人。

"你能否在短时间内组织到货源？"这位负责人问。

王蓓当然知道哪里有货源库存，对成本也一清二楚。为此，王蓓来回跑了半个月，当快要签订合同时，半路却杀出一个"程咬金"。而这个"程咬金"不是别人，正是俞国浩的哥哥。

几年的合作，王蓓和俞国浩已经成为好朋友，无话不谈。俞国浩的哥哥得知这单生意至少有几百万元利润可图之后,也许是想钱想疯了,居然跑到客户面前说王蓓是流窜犯,没有身份证件,说他弟弟有精神病,两个人都不可信。说好每件羊毛衫25元,他以压价的方式抢单——每件20元。港商心里想着,不管情况怎样,每件少花5元,120万件,那就是600万元啊。但是这位港商做生意也讲诚信。半个月来,谈得好好的,双方都富有诚意,这究竟是怎么回事。港商想当面问问王蓓。

第二天,港商问起王蓓是不是认识俞国浩的哥哥,并把经过说了一遍。王蓓听后感到很气愤,干脆向港商交了底。

"我不是流窜犯,我的朋友身体也很正常。昨天来的人是我朋友的亲哥。"王蓓说。

"至于生意上的事,你还是自己去内地拿货吧,你可以去浙江新昌、温州、上虞、慈溪、诸暨、绍兴……你可以说我的名字,说是我介绍的。"王蓓一五一十地把货源的情况说了。

"至于报价,我也说明一下,本来我说每件羊毛衫20元够了,你为了有钱大家赚,让利给我按每件25元计,说明双方很有诚意。其实,每件成本大概在13元这个价位。你去采购时心里有数就行了。"

后来,港商根据王蓓的介绍,顺利地采购到所有的货。

"采购价每件14.5元,是否可以?"港商问王蓓。

"根据我多年原料采购和生产成本计算,这个价快接近成本价了。"王蓓太了解羊毛衫生产的全过程了。

王蓓知道港商大赚了这笔生意,港商也深感王蓓所起的作用,问王蓓:"你需要多少报酬?"

"你生意成了,你高兴,我也高兴,就算朋友帮朋友,我不需要报酬。"王蓓可不是个见钱眼开的人。在生意场上,该赚的钱还是要赚;在朋友圈里,该帮的一定会帮。

港商通过这笔生意,知道了王蓓在内地商圈的影响力。

"以后你是否可以再帮我跑跑单。"港商提出了请求。

王蓓是个不善于表达的人,说话从不拐弯抹角,习惯直来直去,但在内心里却是个重情重义的人。帮朋友,只要自己力所能及,她自然是很爽快的。面对朋友的请求,王蓓同样会以情相待。这与一个人的固有品性有着直接关系。熟悉王蓓的人,肯定会猜到结果。

人生道路上不能没有朋友,朋友既是人生成功的基础,也是成功人生的标志。一个人的成功主因当然有自身的因素,但有时也离不开机遇,这种机遇有时恰恰是朋友提供的。多一个朋友多一条路。

积累房产

20世纪90年代中期,中国改革开放已进入深水区,进出口贸易额正在快速增长。香港作为当时中国进出口的主要贸易港,转口贸易业务也被明显地带动起来。对外贸易是香港经济成长的发动机,而转口贸易是香港出口增长的主要动力。其中1996年那年,据权威机构统计,截至当年11月底,香港与内地间的有形贸易总值就达9500亿港元。此时两地之间的贸易增长虽然出现放缓的迹象,但贸易总量还是有增无减。

香港自由贸易港口得天独厚的环境,的确给王蓓带来了前所未有的机会,成为她今后创业的跳板,同时也给她带来了创业所需的资金积累。

王蓓来到香港定居以后,头一年接到的第一个大单子,忙碌了一阵子,虽然最终意外"流产",但这件事没有打掉王蓓的信心,反而让她冷静下来,更加务实了。她心里在暗暗盘算下一步计划:先熟悉一下情况,再接一些小单子做做。

她自称"观察员",不懂广东话,找不到称心的工作,干脆不再找相对固定的工作,主要走访一些专门做进出口贸易的公司,看看他们是怎样在运作,主要做些什么生意。

经过近一年时间的观察,到了第二年,王蓓结束"观察员"的身份,做起了国际贸易跑单员,通过朋友介绍和自荐,至少与3家贸易公司接上了关系,跑的单子还是与老本行相关,做纺织品出口。

"一个单子四五十万港元,做做小单,涉及的产品主要是库存货。"

　　王蓓虽定居香港了,但真正留港的时间只有短短的两年多。此时,她没想到会远渡重洋,也没想到因此会结束一段短暂的婚姻,为了创业,真的需要牺牲这么多?她更没想到只身一人一走就是20年。虽然两年多时间无法与20年相比,但香港的经历,王蓓一生难忘,没有香港的经历,就没有以后的创业资本,更没有如今的创业成果。所以,至今一谈起在香港的经历,一桩桩的事就像看电影一样,一幕幕清晰地浮现在眼前,终生难以忘怀。

　　"一个个小单,加起来就是一个大单。做生意要的是结果,贪心不可重啊!"王蓓心里这样想着,也是这样脚踏实地地去做了。被搅黄的大单虽然属于意外,但也给她留下了深刻的经验教训。

　　做小单子贸易容易操作,拿库存货做交易,从价格上也容易谈得拢。王蓓驾轻就熟,返回内地,单是在浙江省就跑了温州、诸暨、绍兴、上虞,还有离宁波市中心较近的慈溪等地。前几年,王蓓在鄞县华侨工厂的时候,厂里原料采购、产品销售都是她一手抓的,上述这些地方的厂家也是那个时候建立关系的。虽然几年过去了,但王蓓只要一个电话,就能马上知道那里的厂家库存的羊毛衫有多少。王蓓多年积累下来的社会资源,让她如鱼得水,每笔生意几乎像朋友聊天一样,在轻松的交谈中成了。

　　王蓓做了一年多国际贸易跑单员,不仅收获了经验,而且给她带来了初期的资金积累。到香港第三年,她共花了140多万港元,买了两套房子,其中一套小的售价是30万港元,面积约25平方米,主要用来出租,每月可收租金4800港元。

　　这两套房产在王蓓遭遇一生中最大难关时起到了关键作用。

　　任何创业首先需要的就是资金,特别是一个人在创业初期没有资金支持,是做不成任何事的。此时,资金积累显得尤其重要。之所以说,在香港的日子会成为王蓓创业的跳板,主要是因为她在香港的两三年间,运用了她之前所积累的丰富社会资源,有了一定的资金积累,助她日后创业成功。

一次跟单

做生意就是做关系,要先做个懂得人情世故的聪明人。懂得人情世故的人往往会有好人缘,首先会让人感觉你是一个诚实、可靠的人。王蓓不论为公家做生意,还是为自己做生意,都习惯于诚实地去做每一件事。正因为王蓓是这样一个人,所以与她接触的人,都感觉到她是一个值得信赖的人。她做事踏踏实实,能力又强,就连过去欠她债务的单位也会想到她。

王蓓与已成为朋友的港商俞国浩曾开办的鄞县国蓓针织有限公司,因客户拖欠的债务过大而被迫关闭,如今拖欠自己债务的单位派人请求她出面帮忙。遇到这种事,是王蓓意想不到的。如今遇上如此意外的事,该不该接手呢?

王蓓心里总是这样想着,人家自有难处,欠债也是不得已。现在人家有求,不妨去看看。王蓓确实是一个肚量过人的人,居然答应了人家。

哈尔滨一家供销社拖欠了王蓓30万元债务,她很清楚这家单位的经营状况。这是一家国有企业,不像私人企业,内部情况有点复杂。王蓓知道哈供社经营状况不好,其所欠的债务远远不止王蓓的30万元。自从哈洽会停办以后,供销社生意往来今非昔比,经营状态十分低迷。1996年,这家供销社在古巴设立了办事处,一年后好不容易接到了一个100万美元的订单,为了能让这个单子顺顺利利做完,供销社居然想到了昔日的债主王蓓。因为供销社与王蓓打交道不是一年两年了。王蓓自己办公司的时候就交往过,此前,王蓓在鄞县华侨工厂和海军9403工厂负责经营的时候也交往过,前前后后加起来有10多年了。供销社深知王蓓是个诚实可靠的人,担心手上这笔订单节外生枝,把事情搞砸,居然想起了王蓓来。

"单位现在财务状况不好,暂时没钱还你。等这个单子做完后,会有钱支付你30万元的欠款。"当时负责接洽的人如是说。

　　王蓓知道他们身处困境,也想到被拖欠的款项。毕竟曾朋友一场,能帮就帮一把吧。事后,若能拿回拖欠自己的货款,那是再好不过了。

　　王蓓接手供销社以后,对方也十分信赖王蓓。供销社为了生意能按时顺利推进,专门在福州设立了一个账户,并先后往账户里打入了1500万元,由王蓓随时调用。

　　为何需要这么多现金? 王蓓说,因为做这个订单涉及的单位多,落实货源随时需要调用现金,有了这笔资金,将大大提高办事效率。

　　当时哈供社的一些债主对王蓓说:

　　"你现在手头上有钱,他们欠我40万元,欠他50万元,先把我们的欠款还了吧?"

　　王蓓的确有支配这些钱的权力,但她想到这些钱是接单的专用款,哈供社是信赖她,才放心让她一手负责的,千万不能失信于人。存在银行户头的这笔钱,是用来做生意的。

　　"供销社还欠我30万元,我自己还没拿呢。"

　　"银行里的钱是用于接单用的,虽然由我负责支配,但我要信守诺言,不能乱用。等生意做好,我与你们一起到供销社去要。"王蓓做事就是这样,一是一,二是二。

　　这是一单拖鞋生意,总价值100万美元,对供销社来说也不能算是一个小单。古巴轻工部所属一家贸易公司代表来到中国,专门察看了5家工厂,王蓓跑东跑西,陪着古巴客人,看样品,选款式,定颜色,每个环节都是仔细有加,涉及下单任务的每个环节做到不折不扣,直到最后发货,所有环节没有出现任何问题。最终王蓓圆满完成了哈尔滨这家供销社所委托的任务。

　　此时,王蓓自然想到对方也该解决拖欠的债务问题了。她与债主一起去讨要欠债,但供销社算来算去,这笔生意毛利只有200多万元,扣除必要的费用,没赚到多少钱,依然没钱还债。

　　这么多年过来,生意上的事王蓓是很会算账的,明明有600多万元可赚,却算成只有200多万元? 其实,供销社把一部分的钱款留在了哈供社驻古巴办事处了。王蓓当然知道对方这么做的用意,只是不方便说出来罢了。自己的欠款和其他债主的欠款都没有拿回来,王蓓想想真懊恼,甚至后悔钱款在银行的时候没有把欠债扣回来。而且,为了顺利完成这次任务,王蓓又搭进去18万元费用。此时,也只能怪自己做事真的太认真了。

不久,供销社又接到了类似的单子,于是很自然地又想到了王蓓。这次,王蓓是铁了心,不再帮了。

"可以先把你30万元的欠款及这次的费用扣去,再帮我们接这一单。"供销社的人说。

"我不想做了。"王蓓淡淡地说。很显然,王蓓对供销社上次的做法很不满。

王蓓心里想着:我相信你,帮了你一把,你自己却不守承诺,玩起了猫腻,叫人怎么合作。虽然48万元不是一个小数,但此时的王蓓已在香港定居了,自己也有外贸业务可做,已经不把48万元的欠款看得很重了。

既然请不到王蓓帮忙,供销社只得派单位里的人手了。王蓓虽然没参与此事,但人脉广泛,得知供销社后来搞砸了。负责跟单的人,与工厂有了不健康的生意关系,出入娱乐场所,暗地里接受了好处费,结果发货后产品出现质量问题,供销社不但没赚到钱,反而还要赔钱。

"羊毛出在羊身上。"王蓓已是一个久经商海的人了,清楚地知道生意场上的潜规则。虽然她自己两次下海办实业都以失败告终,但失败乃成功之母,没有一个人能保证生意上不失败,事业上的成功都是要付出代价的。失败不仅给王蓓带来了痛苦,也给王蓓带来了经验教训,这是实实在在的经验教训,是用金钱难以买来的。

但是,有了经验教训,有了10多年的经商经历,并不是说王蓓从此走上了康庄大道,令王蓓也想不到自己即将要经历的是她人生中最大的劫难。但可以这样说,是她的好人缘给她带来了劫难,同时也给她带来了一生中最大的转折。

梦想不灭

人与人之间频繁接触，难免会出现磕磕碰碰的现象。学会宽容，也许会让你赢得一个绿色的人际环境。

"人非圣贤，孰能无过"。不要对别人的过错耿耿于怀、念念不忘。生活的路也好，创业的路也好，有了宽容，才会让自己所走的路越走越宽，而心存狭隘，也许会把自己逼进死胡同。

王蓓正是一个宽容的人。

1997年，王蓓已经走过了人生中前两个20年。当她走入人生中第三个20年的时候，正因为她的宽容，她的大度，她决定再次帮助曾经伤害过自己的那家供销社。虽然开始的时候，供销社给她带来的是劫难，而且是她一生中最大的劫难，但这次劫难也变成了一次转机。就在那个时候，她发现了巨大的商机，也更加坚定了她再次创业的决心。劫难的磨砺，加上坚韧的毅力，让王蓓迎来了人生中最大的转机。

供销社与客商做生意遭遇了"滑铁卢"。此前，王蓓与其合作成功做成大单，两个单子前后对比，形成鲜明对比。王蓓的诚信与踏实，王蓓的能力与毅力，给供销社的相关人员留下了深刻的印象。

1997年9月，供销社驻古巴办事处的何法强出面与王蓓联系，恳请她再次出山，以合作的形式开展外贸业务。与这家单位合作，王蓓是心存顾虑的，但她真是个宽容大度的人。冤家宜解不宜结，多个朋友多条路。

王蓓横跨大西洋，再次踏上创业之路，为此也付出了沉重的代价，影响了刚建立不久的新家，代价很大。但创业的欲望再一次在她心里燃烧起来。

王蓓前两次创业失败，不但没有失去信心，而且一直在寻找着再一次创业的机会。她在香港定居两三年，虽然还算不上真正的创业，但毕竟也是在商海中打拼了一阵子，并且赚到了一些钱。这次去古巴，王蓓心里没底,不知结果会如何,但毕竟也是一次机会。不去肯定没希望,去了才可能有成功的希望,才可能让少年时期已有的梦想风筝飞上高高的蓝天里。

在初中时期,王蓓开始有了自己追求的梦想。那时,王蓓的名字叫王佳味,是父母给她取的名字,个别同学要搞笑她,当着她的面说:"佳味,佳味,味道真好啊!"到了读高中的时候,如此取笑她的同学更多了。王蓓人长得玲珑俏丽,一副可爱的模样,再说,佳味,就是好味道啊!工作以后,仍然有人说:"佳味啊,味道好极了!"为了结束名字给她带来的烦恼,王佳味干脆就把自己的名字改成了王蓓。

说起为何改为王蓓,王蓓如今吐露了心声:蓓,就是含苞待放的花,花开了,总会结出好果子。字简意明,王蓓梦想自己的人生会结出好果子。这属于人之常情,哪个人不想自己的人生有一个美好的结局。王蓓初中时期开始追求梦想,到了中国改革开放时期,特别是在20世纪80年代后期,王蓓的创业梦想被激烈翻滚的商海浪潮激起,虽然曾几次被浪潮打了下去,但创业的激情从来没有淡化过。

为了自己盼望已久的创业梦想,王蓓管不得那么多了。她本来就是一个大大咧咧、敢说敢为的人。只要自己脚踏实地地去做,"船到桥头自然直"。一个人要实现自己的梦想,除了艰苦奋斗,还有什么路可走?

英国维多利亚时代最受欢迎、最具特色的诗人丁尼生说过:"梦想只要能持久,就能成为现实。我们不就是生活在梦想中的吗?"

"我们因梦想而伟大,所有的成功者都是大梦想家:在冬夜的火堆旁,在阴天的雨雾中,梦想着未来。有些人让梦想悄然绝灭,有些人则细心培育、维护,直到它安然渡过困境,迎来光明和希望,而光明和希望总是降临在那些真心相信梦想一定会成真的人身上。"这是美国唯一拥有哲学博士头衔的总统威尔逊说过的一段话。

从王蓓身上,可以看到她的梦想,看到她的坚持。在她人生进入第三个20年的时候,她选择了古巴作为人生再一次搏击的天地。虽然初期还是以失败告终,但王蓓仍然没有放弃,绝地反击,最后终于迎来了电闪雷鸣过后所见到的绚丽彩虹。

多么不易啊！

一次又一次的创业，

一次又一次的失败，

没有坚韧的毅力，

怎有今天的蓓蕾。

王蓓啊王蓓，

你少儿时候的梦想，

终于向你慢慢地走来了，

走来了！

第七篇　悲喜两重天

机会总是向有准备的人敞开的。面对机会,只要坚持,都会成功。哪怕遭遇重大挫折,不言放弃,重新再来。人生有时离不开与苦难交锋,关键看你是不是有足够的勇气和毅力。

绿色鳄鱼

1997年9月的一天,天高云淡,王蓓邀请了两位港商同行,登上香港机场的国际航班,飞往地处北美洲加勒比海北部的群岛国家——古巴。

经过近16个小时的飞行,王蓓带着一脸的倦容,到了古巴首都哈瓦那国际机场。哈尔滨驻古巴办事处代表何法强早早来到机场,接到了王蓓一行三人。

哈瓦那是古巴的政治、经济、文化和旅游中心,这个城市是西印度群岛中最大的城市,堪称世界上最美丽的城市之一,有加勒比海的明珠之称。首都人口200多万,年平均气温为24摄氏度。

古巴最大的岛屿是大安的列斯群岛中的古巴岛,被誉为“墨西哥湾的钥匙”。古巴岛酷似鳄鱼,又被称为“加勒比海的绿色鳄鱼”。古巴大部分地区属热带雨林气候,仅西南部沿岸背风坡为热带草原气候。除少数地区外,年降水量在1000毫米以上。

20世纪50年代前后,古巴的经济与美国密切相关。那个时期,该国是个单一经济国家,以食糖工业为支柱产业,糖产量占世界的7%以上,人均产糖量居世界第一,蔗糖的年产值约占国民收入的40%。农业主要是种植甘蔗,其种植面积占全国可耕地的55%,其次是水稻、烟草、柑橘等。古巴矿业资源以镍、钴、铬为主。20世纪30年代后期,古巴发现被专家们称为"世纪矿物"的沸石,但直到1986年才开始大力开发。其蕴藏量估计达30亿吨,仅次于美国和苏联。

古巴旅游资源丰富,几百个风景点像翡翠般点缀在海岸线上。明媚的阳光、清澈的海水、白沙的海滩等自然风光使这个享有"加勒比海的明珠"美誉的岛国成为世界一流的旅游和疗养胜地。近年来,古巴充分利用这些独特的优势大力发展旅游业,使其跃升为国民经济的第一大支柱产业。

20世纪50年代,古巴的蔗糖主要销往美国。1959年,卡斯特罗推翻了独裁政权,宣告古巴共和国成立。当时,美国是承认和接受卡斯特罗临时政府的,但随着卡斯特罗在国内推行土地改革,废除了美国公司的一切租让权,接管美国钢铁等企业所占用的土地等,这就惹恼了美国,加上古巴与苏联关系日益亲近,双方关系逐渐恶化。当年,美国决定削减从古巴进口的食糖,开始了对古巴制裁的第一步。美国关闭市场,是想掐断古巴经济发展的命脉。1960年,美国正式决定对古巴实行经济封锁,禁止向古巴销售工业设备和其他商品。1961年1月,两国断绝外交关系。1962年,美国政府开始对古巴实行经济、贸易和金融封锁。事实上,美国对古巴的封锁由来已久,是一个不断加强的过程,从古巴革命期间就开始了。

古巴与美国的南大门隔海相望,美国对古巴长达几十年的经济封锁,给民众生活带来诸多困难。但凭借着78.3岁的平均寿命和99%的识字率,古巴多年的人类发展指数达到极高水平。据古巴国家统计局

2015年的统计数据,古巴全国总人口为1140万,其中510万人在国有部门就职。白人占66%,黑人占11%,混血种人占22%,华人占1%。按城市与乡村来分,城市人口占75%。统计结果显示,古巴人口增长率极低。另外,由于育龄妇女生育率下降,今后人口老龄化将日趋严重。

古巴四面环海,渔业资源丰富,有500多种鱼类。在关塔那摩、拜提吉里和拉伊萨伯拉等沿海还可生产海盐。森林面积占全国土地面积约27.5%,盛产红木、檀香木和古巴松等贵重木材。

古巴是西半球第一个与中国建交的国家。1960年9月2日,卡斯特罗主席宣布古巴断绝与中国台湾的关系,表达了与中华人民共和国建立外交关系的意愿。同年9月28日,中古两国政府发表联合公报,确认建交。

2014年7月,中国国家主席习近平对古巴进行国事访问。习近平对发展中古关系提出3个"坚定不移":坚定不移深化肝胆相照的友谊,坚定不移开展互利双赢的合作,坚定不移做改革发展的伙伴。习近平接受古巴政府授予的"何塞·马蒂"勋章,探望古巴革命领袖菲德尔·卡斯特罗。中古互利友好合作关系全面快速发展,双边贸易保持良好发展势头。多年来,中国一直是古巴的第二大贸易伙伴,古巴是中国在加勒比海地区的第一大贸易伙伴。

古巴主要出口镍、蔗糖、龙虾、对虾、酸性水果、咖啡、雪茄烟及朗姆酒等,主要进口石油、粮食、机械、化肥、化工产品和轻纺织品等。

虽然美国和古巴隔海相望,但是两国关系因为美国对古巴实施封锁和制裁冰冻了半个多世纪。美国总统奥巴马入主白宫后,逐步调整对古政策,美古关系出现缓和。随着美国对古巴各种限制的逐步放松,2015年古巴的游客人数达到了创纪录的350万,2016年1月单月人数也创下新高。据王蓓从古巴高层了解到的数据,2016年这一年涌入古巴的游客猛增到600万,令古巴旅游业容纳能力经受严峻考验,旅游旺季游客拼房的消息并不鲜见。

有业内人士提出,古美恢复直航后,古巴的旅游业如何才能吸引和容纳更多的游客是亟待解决的问题。统计数据显示,2015年到访古巴的美国人增长了77%,达到16.1万人,这还不包括成千上万的古巴裔美国人。时任古巴旅游部市场司副司长冈萨雷斯称,古巴政府正加快增强压力最大的哈瓦那和海滨度假胜地巴拉德罗酒店的容纳力。随着古巴和美国关系逐渐正常化,有可能从圣卢西亚分流更多的游客。古巴的单一经济逐渐转向多元化发展,旅游和制糖业及镍出口一起,构成古巴最重要的经济支柱。

冈萨雷斯说:"我们的一个重点是四星级和五星级酒店的建设,特别是五星级酒店。"然而,这些项目完工仍需数月甚至数年的时间,这意味着古巴旅游胜地酒店容纳力不足的问题仍将持续,尤其是在11月到次年3月间的旅游旺季。

奥巴马执政时期,美国和古巴恢复了通邮和通航,只有通商没有解禁,美国人到古巴观光旅游仍然被禁,只允许进行官方批准的访问,因此美国人多数集中在首都哈瓦那,海滨胜地去得很少。这令人们订旅游旺季时的哈瓦那酒店成为一件巨大挑战的事情。冈萨雷斯称,包括淡季在内,2015年哈瓦那和巴拉德罗四星级以上酒店入住率超过了80%。

然而,到了2017年6月,新一届美国总统特朗普签署新政令,推翻了奥巴马政府为改善美古关系做出的部分努力,增加了美国公民赴古巴旅行的限制。古巴领导人劳尔·卡斯特罗指出,这些措施意味着古美关系倒退到了"冷战时期才有的老旧而敌对的气氛中"。不过,劳尔也再次强调古巴愿意继续推进与美国的对话和合作,但一切的基础是平等及尊重古巴的主权和独立。

"古巴和美国可以在尊重分歧的基础上,本着造福两国人民的原则进行合作和共存。"劳尔表示。

美国是古巴的邻国,美国对古政策直接影响着古巴的经济发展。到古巴从事国际贸易,了解相关的信息很有必要。

王蓓不曾想到,她来到这个国度,一来就是整整20年。如今,王蓓一说起古巴的商务礼俗如数家珍。拜会政府机关,必须先订约,适宜穿保守式样西装。古巴居民很多信奉天主教,宗教对他们的生活习惯有较大的影响,如:忌讳"13"这个数字,更忌讳于13日、星期五这一天举行娱乐活动;婴儿出生后要举行洗礼,并给其取教名;习惯过圣诞节、狂欢节;等等。王蓓还特别提到,古巴人十分看重自己的生日,每逢生日这一天,必定会举办一个庆祝仪式,亲朋好友相聚一堂以示祝贺。还有一种奇趣的习俗,即在每年的新年除夕,按习惯每人必须要准备一碗清水,等午夜的时钟敲过12下,再将准备的那碗清水倒到室外,以示去旧迎新。

王蓓在古巴的20年大致可分为两个阶段,前10年为第一个阶段。在古巴创业的初期,王蓓以合作的形式为哈尔滨一家供销社驻古巴的办事处做国际业务员,后与江西南昌机械进出口公司合作,开展国际贸易业务。此后,王蓓又与其他中国国内多家贸易公司建立了业务代理关系。在古巴的后10年,王蓓以自己个人名义成立了贝亚时代(宁波)国际贸易有限公司,并在古巴设立了办事处,真正有了属于自己的创业天地。

如今古巴随着经济体制的更新,在不同行业出现了个体经济。但在几年前,古巴的经济机构都是国营的,国际贸易都是由古巴各部委、军队所属的贸易机构负责的。在古巴,王蓓随着国际贸易业务交往时间的增长,对古巴的国情越来越熟悉。王蓓说,与古巴客人打交道,你必须得有恒心、有毅力、有耐心,才做得成买卖。

古巴的特产是雪茄,雪茄烟享誉世界。古巴正是当年欧洲人发现烟草的地方,至今仍出产世界上最好的烟叶和最著名的雪茄。古巴文化深深地扎根于醉人的烟草香味之中。古巴人每年要吸掉2.5亿支雪茄,另有6500万支出口国外。大部分古巴雪茄都是手工卷制的,以保持其上乘的质量。古巴现存的雪茄品牌约有35种,其中"COHIBA"被公认为古巴最好的雪茄品牌。

在古巴,值得一提的是教育。40年来,古巴的教育取得了举世瞩目的成就,国民素质非常高,实行全民公费教育制度,9年制义务教育学制与中国大体相同;全国有63所高等教育机构(51所大学和12所分属高教部、教育部、卫生部管辖的独立设置机构),大学实行学分制,修读本科4—5年时间;古巴1100多万人口中每14个人中有1个是大学毕业,450万就业人口中平均每6人中就有1人为大学毕业。外国留学生主要来自美国、加拿大、澳大利亚和欧洲,选择专业多为语言、经济、旅游、生物、制药和医学。在古巴的外国留学生可以享受与古巴公民同等待遇的免费医疗。古巴的教育普及程度在所有拉美国家中名列前茅。教育支出常年占财政支出的一成左右。学生完成9年义务教育后,可通过考试升入大学预科学校或职业技术学校,落榜考生当年有一次补考机会。各级学校均为公立,一律免学费和书本费,还免费提供伙食和校服。小学入学率为100%,如今古巴公民的识字率达99.9%,全球领先。

在古巴近几十年的历史进程中,不得不提到古巴导弹危机,又称加勒比海导弹危机,是1962年冷战时期在美国、苏联与古巴之间爆发的一场极其严重的政治、军事危机。事件爆发的直接原因是苏联在古巴部署导弹,这个事件被看作是冷战的顶峰和转折点。在世界史中人类从未如此近地站在一场核战争的边缘,世界处于千钧一发之际。人类进入核时代以来,在美苏军备竞赛和争夺世界霸权的激烈斗争中,没有任何一次危机达到如此惊心动魄的程度。在漫长的冷战岁月中,美国曾4次动过使用核弹的念头。这4次核战边缘,只有古巴导弹危机最具一触即发之势,美苏双方在核弹按钮旁徘徊。关于古巴导弹危机,不仅研究国际关系的人们感兴趣,而且值得生活在和平时期的人们去回顾和思考,它作为国际关系史的经典事例,为后人以后解决危机冲突提供了良好的借鉴范式。

2017年2月,中国的《参考消息》驻哈瓦那记者马桂花曾做过一篇报道《古巴经济特区略见雏形》。在这篇报道中提到,2013年11月,长期实行计划经济的古巴宣布将打造国内首个经济特区马里安特区,通过优惠的税收政策吸引外资,以技术创新和产业聚集带动国家经济的可持续发展。时间已过去3年多了,马里安特区似乎仍悄无声息。它位于首都哈瓦那向西约45千米处。马桂花在特区看到,不少区域还在大兴土木,厂房正拔地而起,大型货运卡车川流不息地驶向特区的重要组成部分——马里安港集装箱码头。这个号称古巴历史上最大的经济项目已略见雏形。外来投资者主要有巴西、墨西哥、西班牙、法国、葡萄牙、比利时、荷兰、越南和韩国等。

古巴早在1994年颁布法律允许外资投资,2014年古巴最高权力机构——全国人民政权代表大会又通过新的外商投资法律,为投资古巴的外国公司提供优惠经济环境。古巴希望每年吸引约20亿美元的外资,但截至2017年2月,这个目标尚未达到。劳尔正大力推动与不同地区的国家发展经贸联系,而马里安肩负着拉动古巴经济的引擎作用。

中国是古巴的第二大贸易伙伴,2015年双边贸易超过20亿美元。古巴将中国视为更新社会经济模式的战略伙伴。2017年初,特区商务评估主管奥斯卡·佩雷斯·奥利瓦在接待马桂花时曾表示:"古巴和中国有着密切的经济和政治关系,我们希望今年能有一家中国公司进驻特区。"

2015年古巴实现的经济指标是近5年来最理想的。过去5年的平均经济增长率是2.8%,而2015年的经济增长率就达到4.3%,超过了预计指标4%,其中明显增长的行业集中在投资行业(24.9%)、制造业(6.7%)、工业生产部门(9.9%),这些行业的平均工资也随之增长了17.6%。

从古巴2011年通过的国家社会政治经济方针政策和涉及可持续发展创造条件的方针政策上看来,古巴目前的经济结构,仅仅依靠国内储蓄所需的投资规模是远远不够的,增加外国直接投资必不可少。但是为了吸引外资,首先要提高本国的外部信用条件,如果能够处理得了古巴这些年的逾期债务,那么吸引外资的目标也能很快实现。

当然,古巴采取的策略也不是没有风险和复杂性的。古巴经济开放水平在2014年达到了42%,物价均衡。也就是说,为创造新的价值,每比索中依赖古巴经济外部因素的比例约占42%,该国经济影响力的确有限。2015年受物价下跌和出口规模组减小的影响,古巴总资产下降了24.2%,2016年出口货物也再次下降。

在古巴出口产品中,镍金属价格在国际市场上略有回升,在2016年上半年增加了8.9%。然而,应该谨慎看待这些价格的上涨,因为从中长期看来这些增长并没有改变整体趋势。事实上,根据世界银行报告,镍的平均价格在2017年至2021年将维持在每吨12000美元左右,平均比2016年高30.6%,但远低于2013年和2015年间每吨14600美元的价格。

在很多人的印象中,古巴的农业就是蔗糖产业。蔗糖业的确曾是古巴国民经济的基础,全世界近十分之一的蔗糖,就出自这片素有"世界糖罐"之称的岛屿。

1991年,苏联解体,东欧剧变。古巴糖的出口遭受重创,加之国际糖价一路走低,古巴的国民经济基础直接被撼动,政府不得不寻找改变经济结构的出路。

据《今日美国》报,随着古美关系的解冻,美国加大对古巴新型民营企业的投资力度,古巴的经济更新正改变着人们的工作、生活和梦想,让这些过去被经济系统限制的人有能力决定自己的命运。

古巴在2010年推行了扩大自由职业范围的改革,允许200多个行业发展自由职业。这是劳尔为了促进社会主义现代化并缓解国营部门冗员现象而推出的关键改革措施之一。

2017年8月1日,古巴宣布新的一揽子措施,以规范对新兴的私营部门的管理。私营部门为超过50万古巴人提供了就业机会。新的一揽子措施包括简化超过200项自由职业的专业级别,以使其涵盖面更宽泛。最新数据显示,目前古巴有56万多名自由职业者,占劳动力总数的12%,其中32%是年轻人,33%是女性。私营部门已经成为古巴社会主义模式更新的关键。

英国《经济学人》杂志载文:古巴许多私人餐厅、宾馆和商店发展迅速,已成为真正的小型企业。健身房、水疗馆、电影院等新兴商业机构如雨后春笋般涌现。理发的价格从1.2古巴比索(约合人民币0.75元),一路上涨至10古巴比索(约合人民币6.21元)。这些都促使中产阶级缓慢地浮现。

古巴的经济更新也具有自己的特色。古巴尽量避免采用中国实行的改革开放和越南实行的革新开放政策,而提出了"更新"经济模式,领导人的意图是古巴不会抄袭任何其他国家的模式,古巴的社会主义经济模式是"具有古巴特色","土生土长的"。

若有外国媒体到哈瓦那,古巴国际新闻中心都会先纠正一下政治语汇:"对于我们来说,改革已经进行50多年了,古巴现行的社会主义模式不需要改革,但要更新。"

语言障碍

学语言是有天赋的,有的人学得快,有的人学得慢。人们普遍认为学习一门语言的速度更多的是与外界因素有关的。

之前,王蓓生意上的往来从来是不用外语的。现在她远涉重洋,来到古巴,说的都是西班牙语。王蓓一点都不会说,也一点都听不懂。语言交流不通,成了她工作上最大的障碍,也给她生活上带来诸多不便。

哈尔滨那家供销社驻古巴的办事处虽然配备翻译,但王蓓作为国际业务代理,接单、谈判、会客等等,次数频繁,靠翻译进行彼此交流,影响时间不说,还会造成一些误解,意思表达不够到位,或多或少影响生意成交。既然做起了国际贸易业务,当地的官方语言一定得学会。

王蓓是一个敢想敢为的人。她想到读中学的时候,英语成绩一直是全班第一,还学会了用英语写作文。难道西班牙语比英语还难学?如果真的比英语还难学,也得好好学。工作环境及生活环境逼着她去学西语。

"'这是什么'西语怎么说?"王蓓问办事处的翻译。

"果磨水样嘛。"翻译如是说了几遍。

这是王蓓最早学会的西语。然后,翻译成为她学西语的第一位老师。第二位西语老师该算是房东了。

房东名叫撒丽娜,是哈瓦那大学的毕业生。

王蓓与撒丽娜（左一）及邻居在一起

如今撒丽娜已退休在家，除了能拿到国家供给外，还有房租收入。撒丽娜把两室一厅的房子让出来，租给了王蓓，每月租金是500美元。撒丽娜除了上交50美元给国家外，其余的都是额外收入。这笔房租收入，是普通打工者每月工资的10倍还多，足够一家子平时的生活开支。撒丽娜虽然住到别处去了，但经常会来串门，把王蓓看成了朋友，两人经常进行交流，这给王蓓学说西语帮助不小。

"王蓓，今天工作吗？"撒丽娜有的是空闲时间。

"今天不工作。"王蓓答。

"有时间吗？"

"有啊！"

"太好啊，我们两人一起出去走走好吗？"

"OK！"

王蓓在与古巴当地人接触过程中，慢慢地学会了用西语交谈。撒丽娜是个热心人，家里有一台打字机，还义务教王蓓打字，有时还会帮王蓓打些资料。

当然,王蓓不会忘记房东的情义。只要有时间,她就会到自由市场上买西红柿、鸡蛋、猪肉等,烧好菜后与撒丽娜一起共享。

"果磨水样嘛,果磨水样嘛?"不论是白天,还是晚上,这句话,王蓓都要说上很多遍"。学会了"果磨水样嘛",王蓓只要想学西语单词,随时随地都可以学了。那年,王蓓已过了不惑之年,但学习的劲头不减当年,读书时期"五好学生"的模样活灵活现在北美洲。那时,在古巴长住的华人很少,古巴人对华人也很好奇,都愿意与华人交往。一个星期过去了,260个单词在不断问"果磨水样嘛"的过程中,全部记在了王蓓心里。通过平时与古巴人的交谈,她学会的西语单词越来越多。

如今,王蓓坐在宽大的董事长办公室里,与作者谈论起学西语的事时,随手拿来了一本厚厚的笔记本,并一页一页地翻给作者看,时不时地说起西语来,吐词十分清晰。作者看到笔记本的每一页都写着中文和西文的单词,指着其中的一个单词,借用英文的拼读法说出一个西文的单词,居然给蒙对了。西语的拼读与英语的拼读还是有相通之处的。有趣的是,在这个本子上,王蓓在其中的几个页面上还粘贴着带有颜色的布料,在布料旁边写着西文,并用中文注着读音。这可是关键的单词,做国际贸易,产品的颜色搞错了,那可是要赔上大钱了。

王蓓以前一直是做纺织品生意的,到了古巴,首先接触的又是纺织品之类的货物。学西语的时候,王蓓首先要攻下的是与生意有关的单词,当然与生活有关的单词也需要掌握。

"我把词组三三一组组合,并进行分类,这样便于记忆。"

王蓓自有一套学习方法。

西班牙语的使用地区主要分布在拉丁美洲(除巴西、伯利兹、法属圭亚那、海地等以外)及西班牙本土。在美国南部的几个州、菲律宾及非洲的部分地区,也有相当数量的使用者。全球使用西班牙语者总计将近5.7亿人,占世界人口的4.84%,按人数排名为世界第五大语言。西班牙语也是联合国六大官方语言之一。

王蓓学西语,先学会发音,再记住单词,然后再学会拼写。在学习的每一个环节，只要一有机会，她就会求教于人，虚心好学，学习的劲儿不亚于中学时期学英语。

别人都说王蓓学语言有天赋，可她自己不这样认为。

"什么天赋，不就是这么一回事。"

王蓓做人一向低调，从来不宣扬自己。但从学西语这一点，仿佛让熟悉她的人，看到了她人生轨迹上的一点痕迹。她是从小在吃苦中长大的。

"我吃什么苦都不怕。"

此时，这句话仿佛又回荡起来。虽然，此时王蓓没有说起这句话，但与王蓓交谈过程中她不止一次说过这句话。她确实不太会修饰自己，说起话来十分直接，就像她做事，不管做什么事，一旦认准了，都会坚韧不拔地去做，坚韧的个性充分凸显。

多数人都认为，学语言除了兴趣，最需要的是环境。王蓓学西语的时候，虽处于西班牙语言的氛围中，但也有人在英国留学四年，英语也不见得学得很好。要学好一门外语，除了外部环境，最重要的还是自身因素。王蓓开始学西语的时候，已经40多岁了，一个星期掌握260个单词，难道靠的仅仅是天赋？应该说靠的是她自身的吃苦精神。难道她这个年纪还对学语言有强烈的兴趣？当然谈不上。王蓓心里清楚，环境造就，也是环境所迫。

掌握了260个单词，只是学习西语的起步，随着时间的流逝，掌握的单词越积越多，王蓓才一步一步地学会怎样用西语进行交流。至少可以这样说，在生意场上，王蓓能听懂对方说的话，也能用西语表达自己的意思了。王蓓到古巴的头一年，生意往来靠的是翻译，后来，挂靠公司设办事处，还得聘用翻译。自己会说西语后，与古巴客人交流上有了意想不到的便利和效果。古巴客人有时候会说："王蓓，你的翻译表述有点听不明白，还是你说得更清楚。"

如果一定要说一个人有语言天赋，那说的也是多方面的。有的人善于学习语法，有的人善于模仿发音，有的人善于记忆词汇。其实，语言多是实战中练出来的。题做得好不代表你应用得好，应用得好不代表你能做得好题。两边都应当兼顾，才是掌握一门语言的正道。

遭遇最大挫折

人生不可能是完美的，但完美是每个人所追求的目标。追求的路上没有一帆风顺，当遇见坎坷和挫折的时候，切忌心烦意乱。一个人一旦遇上挫折，内心肯定是痛苦的。在挫折面前，最终你是成功者还是失败者，就看你是否还有信心和勇气。不经过挫折，怎知道路之坎坷；不经过磨砺，怎知意志之坚强。只有在人生道路中与苦难交锋，才知苦难也是一种财富。

王蓓到古巴的第二年，就遭遇了人生中又一次挫折，而且是她一生中遇到的最大一次挫折。之前，王蓓与哈供社驻古巴办事处（以下简称驻古巴办）合作是有所顾虑的，但没想到会出现这么严重的后果。

同去古巴的两位港商曾提醒王蓓，按照古巴方面的供货要求，去跑样品而不参与合同谈判，样品到手、报过价，再由驻古巴办代表何法强与采购方谈价格。这个过程中王蓓并不清楚具体商谈细节，合作方之间缺乏透明度，无法体现灵活性，这样的生意怎么谈得好？王蓓当然知道这样合作问题多多，但王蓓却发现了古巴市场到处是商机。她不肯轻易放弃眼前的巨大商机，认为不妨放手搏一搏。

两位港商认为，如此合作不是合作，是利用，说好听一点是跑腿，于是不同意与王蓓一起投资合作，告别王蓓，返回了香港。可王蓓创业心切，又想到昔日曾帮过她的工厂解决资金困难的宁波针织衫厂厂长施祥龙。施厂长受邀后，也与王蓓一起去过古巴。那时，王蓓是多么希望与施祥龙一起投点钱，与驻古巴办合作，或者与施祥龙一起合作做贸易。那时，王蓓是多么需要资金支撑啊。但施祥龙得知如此合作模式，当即表示没有合作兴趣，也没有精力与王蓓一起合伙干。如今作者与他谈起这件事时，施祥龙只是表示："我有我自己的一块事业，直到现在，后继有人,还做得好好的。"

王蓓寻找合作伙伴的事最终没有结果,只得自己孤身一人留了下来。王蓓真的不想放弃眼前的大机遇,哪怕目前的合作方式是在"委曲求全"。

王蓓与驻古巴办合作是有协议在先的,王蓓以国际业务员身份开展工作,完全不同于现在贸易公司的跟单员。驻古巴办代表何法强提出古巴需要什么产品后,找生产单位、出样品、送样品,都得由王蓓一个人负责办理。至于合同商谈不需要她过问,只有最终货到付款,王蓓才会有按比例的提成。中间的所有环节都得由王蓓来做,所需的费用也都得由她个人承担。

"古巴方面需要电视机。"何法强对王蓓说。

王蓓随即飞赴上海,找厂家,要样品。驻古巴办只有何法强一个人,何坐镇,王跑腿。

"古巴需要自行车。"何法强又得到古巴订货的信息。

王蓓又想到还是去上海。

接下去古巴要冰箱、缝纫机了,王蓓又得一次次地飞回中国找货源。

长途奔波,不算吃住,光古巴到中国一个来回,飞机票就得花去1.5万元人民币。一个样品出来,也要不少费用,样品的费用得按商品价格的3倍计算;如果订单小,生产厂家会不会给你做样品还是一个问题,还得看人家脸色,求个人情,否则不一定同意给你做。要做订单,每个产品都需要先做出样品,特别是电器方面的。中国现成的产品,在规格和配置上,在古巴不通用。所以做样品不仅费钱,也费精力。再说,如果寄个电器样品,托运费也需要上千元。像王蓓这样,联系厂家做样品,花钱似流水。几十万元,上百万元,不知不觉在跑腿的过程中无影无踪了。

"1997年来回4次,1998年来回8次,加上1999年几个月。三个年头,前后加起来总共做了一年半。"王蓓扳着手指,很清楚地记起当时出差的次数。

王蓓不辞辛苦,万里奔波,总想早日拿下订单,但一年半下来,由驻古巴办出面签订的订单往往令人感觉遥遥无期。原因到底出在哪里？王蓓也许说不清楚，何法强也许也说不清楚。也许就出在经营合作模式上。

在一年半里，真的一单无成？非也。服装、鞋类、布料的一些小单做成过，但大单没有。如果非要说大单，倒是有一个，但不是即期的，却花费了王蓓相当于600多万元人民币。那就是与古巴内贸部商店签订的合同。

提供给这家商店的货物，是王蓓从中国各地采购的，如福建的鞋子、北京的裙子、女装，王蓓按照驻古巴办所签订的合同要求，到中国几十家生产厂家联系，总共选择了8个柜子的货物，每个柜子付了80多万元人民币。这些钱都需要由王蓓来填付。古巴的商店将按照销售的情况，每个月支付出售回笼的货款。这笔货款每月到底能拿到多少，是无法预测的。

当时，王蓓哪来这么多钱？说真的，真没有。幸好那几年香港房产飞黄腾达，房价直线上升，王蓓把香港的两套房子全卖了。一套小的25平方米的房子，本来用来出租，每月还有4800港元可以进账，卖了250万港元，还有一套大一点的房子卖了450万港元。王蓓在古巴闯荡初期，一时间真的闯得倾家荡产了。

王蓓平时的生活费用已经到了捉襟见肘的地步。发到古巴8个柜的货款是否能要些回来？王蓓找了古巴的相关方面的人。

"合同是与何先生签的，只能按合同办事，我们不能直接把钱付给你。"

古巴方面其实是清楚贸易是怎样做成的，知道货物是王蓓订来的，货款也是王蓓支付的，但一切得按照合同来办，明知道王蓓面临困境，也无能为力。

而何法强没有把按月收到的2万—3万美元的货款转给王蓓，他也有难处，驻古巴办日常经营也需要开支。

如今说起这笔货款的事，王蓓说："办事处至今还欠我48万美元。"

与驻古巴办合作一年半,王蓓不但分文未取,还倒贴进去千万有余。王蓓当时也没那么多钱,还差的二三百万元,还是王蓓回到家乡宁波,向以前同行人借的,按"一分厘"计息。二三百万元,在20世纪90年代末期来说,可不是一笔小数目,同行人之所以肯借钱给王蓓,看重的是王蓓的人品。同行中人都知道她是一个既诚实又能干的人,守信用,相信她日后有能力还钱。

如此一年半过去了,王蓓感觉到压力重重,心里默默地在想:"不能再这样下去了。"

"我上有老,下有小,还要赚钱养家呢,我没法再这样合作下去了。"

王蓓正式向驻古巴办何法强提出了断交的要求。

何法强对王蓓提出的断交,心里也不是滋味,他多么需要王蓓为办事处跑腿。但王蓓跑了一年多,不但跑没了1000多万元,而且没有看到任何的回报。可何法强有什么办法呢? 驻古巴办具体是他负责的,但他是没有最终决策权的。既然王蓓提出断交,那结果只能是分手。因为王蓓做的是国际业务员,活动的费用包括货物的采购都是她预支的,主动权掌握在她的手里。

何法强真心想留她:"那你投下的钱怎么办呢?"

"当你们以后有钱的时候再还我吧。"王蓓决意要分手,不能再被钱拖累了。王蓓既然看到了市场机会,岂能轻易错过,决定自己另想办法搏一搏。

王蓓真是个心高志昂的人。

有人说,人生就是低头与抬头。如果你细细琢磨,此话还真有点哲理,表述简练,内涵深刻。其实,人的一生不就是低头与抬头吗? 人生的经历也是由低头与抬头构成的,其成败、荣辱、尊卑都体现在这低头与抬头之间,由此造就了千差万别的人生,演绎出五彩缤纷的世界。

否极泰来

天有阴晴,事有成败。在一个人的生命历程中,总会遇到这样或那样的挫折。面对挫折,如何应对,才是人生的关键。

著名诗人、哲学家泰戈尔说:"上天完全是为了坚强我们的意志,才在我们的道路上设下重重的障碍。"

有关挫折的名言很多,但卡耐基的一句话确实会让人陷入深深的思考:"我们若已接受最坏的,就再没有什么损失。"被誉为20世纪最伟大的心灵导师和成功学大师的卡耐基,利用大量普通人不断努力取得成功的故事,通过演讲和书唤起无数陷入迷惘者的斗志,激励他们取得辉煌的成功。

王蓓遭遇人生中最大的挫折之后,内心当然是很痛苦的。别看她一向处事冷静,做事表面不露声色,但想到1000多万元的资金有去无回,内心怎么会不着急呢?

"1000万元花出去没着落,心里怎么会不急呢!"王蓓回想起当年的艰难处境,在追问中终于说出了当时的心情。

但一向坚韧的性格,鼓舞着她重新开始的勇气。

"我肯定会成功的。"王蓓心里充满了这样的欲望,面对重大挫折,她没有丧失信心,反而让她的头脑更加清醒。不能再受制于别人,该是自己独立站起来,自己主导自己的时候了。

来古巴快有两年了,王蓓清楚地知道古巴是一个充满机会的地方,决不能半途而废。当时,在古巴还没有私人经济,古巴人虽然生活不富有,但一切都在计划经济下和平共处。国际贸易方面,都是由古巴各部委所属的进出口公司负责运营。王蓓说,那时,华人在古巴做贸易的还不多,从宁波来的就她一个人,甚至可以说,浙江去古巴经商的人也没碰到过,但有从中国北方过去的商人。正因为互相压价竞争现象还没出现,生意上的毛利一般都是比较高的,只要拿到单子,中间环节不出问题,肯定赚大钱。

　　根据古巴当时的政策,王蓓是不可以个人名义注册公司的。如何设立一个贸易平台,还得由自己来主导,需要找一家能挂靠的中国进出口公司。于是,以前的一些客户单位在王蓓在脑海里一一浮现……

　　1999年年中,王蓓终于与江西南昌机械进出口公司达成协议,该公司在古巴首都哈瓦那设立办事处,由王蓓全权代理一切事务。但协议上其中有一条写得十分明确:如果出现任何经济问题,与江西南昌机械进出口公司无关,全部由王蓓个人承担;在经营范围内,王蓓接到的所有即期订单,必须提交给该公司操作。互利互惠才是双方合作的基础。

　　1999年下半年开始,王蓓有了自己"借壳"来的贸易平台,很快出现了时来运转的局面。就在这一年,王蓓几乎同时拿到了两个大单:一个是古巴军队商店需要12个柜的拖地布,另一个是古巴卫生部所属的进出口公司也需要12个柜的拖地布。

　　说起这两个大单,也不是容易搞到的;再说,那时王蓓在古巴做贸易算不上老手。虽然当时古巴贸易竞争不像现在这么激烈,但抢生意的对手还是不少,除了没有美国公司,其他来自欧洲、亚洲、南美的公司都有。也许是那时中国的纺织品因产能过剩,价格优势明显,再加上王蓓的诚实和吃苦耐劳,让她抢到至关重要的两个大单。这与王蓓的"人生积累"也有直接关系。

　　别说拖地布就是布料这么简单,却着实让王蓓费了不少心血。古巴方面要求的拖地布,不是普通布料,是不织布,对产品样品要求还是比较高的,采购方不仅要比较供应商的产品价格,对质量也是有具体规定的。王蓓为了拿下"主导贸易"的第一个大单,在中国国内跑了好多家工厂,最终在江苏南通找到了理想的生产商,组织打样,做出让古巴方面认可的样品。

　　在生意场上,王蓓终于打了第一次大胜仗。之前遭遇的一次又一次的失败,让她的头脑在失败中越来越清醒,让她深刻领悟到今后的生意该怎么做。

"什么生意你最适合做？你擅长的,自然就是你容易收获的。"

这就是王蓓的创业心得。

纺织品对王蓓来说再熟悉不过,但贸易的环节也不可出错,否则有可能成了赔钱的买卖。看似简单的商品也存在诸多环节,不可轻视,如果大意,就会在阴沟里翻船,大订单更是马虎不得。她清楚地记得不久前曾合作的单位,哈尔滨一家供销社因跟单员没把控好出口商品的质量,结果不但没赚到钱,还赔了钱。这次,王蓓从自己熟悉的商品做起,除了找准货源,商品的规格、成分都严格地按合同里的要求,不折不扣做到百分百,在每一个环节丝毫不出现任何问题。王蓓心里十分清楚,自己再也折腾不起了。王蓓面对拖地布的两个大单,着实花了十二分的精力。

王蓓终于遇到了人生中的大转机。也许是在那个时期,中国纺织行业产能已经出现严重过剩,纺织品市场恶性压价,着实给王蓓赚到了大差价。

"整整赚了500万元啊!"

到古巴这两年的生意投资,王蓓一下子赚回来一半,让心头上的压力减轻了一半。

同在一片蓝天下,上天总是青睐在挫折中不被打垮的人。当然,遭遇挫折后能时来运转,不是每个人都会遇到的,机会的大门是向有准备的人敞开的,如果你平时没有准备,没有积累,也就没有爆发的能力。

第八篇　北美生活

　　北美洲的风景是绚丽多彩的，但作为一个中国人来到异域他乡，王蓓面对的是巨大的文化与饮食的差异。要长期在这一方地域生活，只有靠自己的双手，克服所遇到的困难。想过上好生活，唯有靠吃苦去换取。

大锅烧水

　　古巴全境除了西南部沿岸背风的一小块区域是热带草原气候，大部分区域都属于热带雨林气候。除少数区域外，年降水量都在1000毫米以上。热带雨林气候，又称赤道多雨气候，全年高温多雨，植被茂密。

　　古巴首都哈瓦那城恰好处于热带草原气候区域，有明显的雨季和旱季之分，而且是跨年来划分的，5月至10月为雨季，11月至次年4月为旱季。

　　古巴全境面积略大于中国的浙江省，浙江的面积在中国的32个行政区中排名第25位。从人口密度来看，古巴远远低于浙江。几十年来，古巴人口增长十分缓慢，几乎没有增长。同样以2015年计，古巴总人口

1100多万,而浙江省人口5500多万,古巴总人口仅仅是浙江的五分之一。从年降雨量来看,古巴首都哈瓦那年均降雨量为1300多毫米,小于浙江宁波年均1500毫米左右的降雨量,虽说不少,但也不能算充沛,特别是在旱季,哈瓦那也会遇上用水难的问题。

2011年4月,古巴曾遭遇过50年以来最严重的大旱,特别是居住人口最为密集的首都哈瓦那,逾10万人饮水出现困难,数万家庭的饮用水几乎要完全依靠运水车提供。

古巴遭遇50年一遇的严重旱灾,始于2011年,当时古巴全国水库蓄水量已下降至正常水平的五分之一。哈瓦那有210多万人口,约占全国总人口的20%,比其第二多人口城市圣地亚哥50多万人多得多;再说,哈瓦那供水设施年久失修,管道漏水现象较为严重,因此供水形势更为严峻。据当时的古巴媒体称,哈瓦那市70%的供水管道漏水严重,约有一半的水源在输送过程中白白浪费掉,民众呼吁紧急修复这些水管。居民们利用水桶、瓶子,从公路上的水车中取水。有居民说:"情况已经失控了。没有水,我们不能洗衣服、做饭,甚至打扫房间。"

那时,古巴人正盼望尽快进入5月,期盼雨季来临,缓解旱灾。但是即使雨季正常来临,可能也不足以填补蓄水池的水量。水库水量严重不足,抽取地下水当然也是填补缺口的有效途径。

"哈瓦那有不少居民用上了地下水,用小水泵抽的,一些家庭在屋顶上放一两个大桶存水,基本上每天上午抽取地下水。"王蓓经常看到住地周围的居民是这样获得水源的。

王蓓刚到哈瓦那的时候,在古巴业主的厨房里,看到有一只大铝锅。

"这个大锅是用来做啥的?"王蓓问房东撒丽娜。

"专门用来烧开水的。"

在古巴首都,几乎家家户户都有这样的锅,平时饮用水都是靠大锅烧出来的。王蓓平时习惯喝热水,这与她长期干咳有关,她的喉咙经不起冷水刺激。如果能喝冷水,长期买矿泉水,费用也承受不起,一小瓶矿泉水就要0.5美元,大瓶的要价1美元,饮水机上用的一桶就要2.6美元。

如果每天喝矿泉水,一天需花费多少?

王蓓在生活上能省则省。她刚到古巴时,每天早上起来,第一件事就是点燃煤气灶,用大锅烧开水。

"水烧开后,上面漂着一层薄薄的油,像是一层蜡油浮在上面,锅底下面又有一层白色的沉淀物。"

"在古巴生活,最麻烦的是什么事?"

当问起这个问题时,想不到王蓓脱口而出有关水的事:

"烧水最头痛,每天早上起床第一件事,就是烧开水。"

水烧开了,不能马上把开水灌到热水瓶里。开水出现"上浮下沉",就得处理。拿上勺子,把漂浮在开水上面的一层油一勺一勺地清理掉,再把开水灌入热水瓶,又得避开锅底下的沉淀物,开水处于上下两个夹层中间,每次灌水都要浪费不少。为了省事,古巴人习惯用大锅烧水。王蓓也一样,日复一日,年复一年,只要在古巴生活一天,每天就得重复做这样一件事。

水烧开为何会有"上浮下沉"的现象呢?据王蓓说,自来水取自地下。那么,开水底层有沉淀物还好理解,古巴的水里碳酸钙含量高。但水烧开后,上面怎么会漂油?这个现象王蓓就不知道究竟了。

古巴人平时习惯喝自来水,但中国去古巴的人就没法像古巴人一样随便喝冷水。

2003年,王蓓的儿子蒋岳在宁波大学读完本科以后,去古巴攻读研究生课程。蒋岳读本科时学的是英语,到了古巴后,首先需要解决的也是跟母亲来古巴时一样的问题:学会用西班牙语。他第一年先到哈瓦那大学攻读西语,可是还不到半年,他就出现了腰痛症状,诊断结果是他得了肾结石。

很显然,这与他平时喝的水有直接关系。古巴的当地学生习惯在学校里喝冷水,蒋岳自然也学样。因为学校老是停水,就配备了饮水机,但饮水机里的水也是来自自来水,不管你去哪里取冷水喝,取来的水都是自来水。古巴常年处于高温状态,喝冷水自然爽心,天热喝冷水真是解渴解热,沁人心脾。古巴的自来水确实能喝,问题是中国人与古巴人因地域不同,体质上自然是不一样的,体内微循环也是不一样的,喝冷水也会让人水土不服。

与欧美相比,去古巴留学的中国学生不多,但说起中国人在古巴水土不服现象,自然就会说起中国留学生。中国留学生喝古巴自来水,会出现两种情况,一是容易拉肚子;二是容易患上肾结石。

古巴境内遭遇干旱,出现供水紧张局面,哈瓦那就是一个典型的案例。造成供水紧张的局面的原因是多方面的,但其中一个最为突出的方面,那就是供水管网的问题。据古共机关报《格拉玛报》援引古巴水资源管理局专家托莱多的话说,多数自来水管网已经使用了50—100年,未能得到应有的改造,途中损耗量达供水总量的一半以上。水资源浪费十分惊人。2017年,古巴政府已经实施了一个"战略性"计划,用10—15年的时间,引进外资对国内的自来水管网实施全面改造。

古巴的管网设施改造只是时间问题,但中国人在古巴要改变"水土不服"的现象,那可不是时间问题了,只得靠自己改变平时的生活习惯,那就像王蓓一样,每天一早用大锅烧水。

一国两币

"哈瓦那可分为两大块,一块新区,一块老区。"王蓓说话向来很简明,一句话就把古巴首都的区域划分说清楚了。

在哈瓦那老城的西侧,高耸着一座国会大厦,是20世纪20年代古巴仿照美国华盛顿的国会大厦而建的,游客称为"小白宫"。

就在"小白宫"的后面,也就是西侧德拉贡乃斯街的拐角处有座四层楼房,就是巴尔达卡斯雪茄烟厂。从1845年起,这里就开始生产气味浓郁、闻名世界的雪茄烟。沿着德拉贡乃斯街西行,就到了桑哈拉约街,在这条街口处,有一座顶上覆盖金色琉璃瓦的高大白色水泥牌坊,上书"华人街"三个字,这里就是哈瓦那华人街的入口。这一带,曾经是古巴华人聚集区,商业发达,商铺林立,车水马龙,往来行人熙熙攘攘,生意做得非常红火。然而,星移斗转,时过境迁。如今,这里风光不再,华人街上已很少看到华人的身影,居住在这里的人几乎都是古巴当地人,但至今还保留着"丝绸之路"商行的招牌。

"华人街"牌坊看上去很宽,同时通过两辆公交车绰绰有余。

华人街牌坊

穿过白色的水泥大牌坊,就是中国城,这里是20世纪90年代发展起来的,有大小十几条街巷。如今,房屋依旧,而黄面孔很少见了。中国城的核心部分在谷奇瑶街,这条街的东口立着一个简易的小牌坊,小牌坊下有一块被漆成黄色的木板,上书"中国城"三个字,街内有好几家中国餐馆,如"东坡楼""天坛饭店""广州餐馆"等,名称响亮,但规模都不大。

2015年4月,中新社记者莫成雄曾慕名探访了哈瓦那旧城区。拥有百年历史的"华人街",曾是古巴华人的聚集区。截至2017年,华人到古巴贸易、生活已有170年历史。鼎盛时期,古巴华侨华人曾达到15万人之众,居美洲各国之首。据莫成雄当时调查,古巴华侨华人只有不到150人,华裔也仅有几千人,"华人街"已经难见华人了。

古巴"中国城"的入口

当你进入"中国城"时，两边的古巴服务员会殷勤招揽路过的客人。不过，这些餐馆的名字虽是中文的，但厨师大都是当地人，饭店的服务员是穿着唐装和旗袍的古巴小伙子和姑娘，能讲简短的中文，中国客人来了，会用中文打招呼。但餐馆缺少的是正宗的原料，做出来的中餐自然是不够地道，带有古巴风味。而当你走到胡同顶端时，看到的最后一家才是哈瓦那唯一正宗的中餐馆——天坛饭店。那里的大厨来自上海，据说调料是从委内瑞拉首都加拉加斯、巴拿马城或从中国托人带过来的。

哈瓦那中国城建于1994年，由古巴政府负责规划兴建。1995年，天坛饭店落成，楼上楼下两层，正宗的中餐馆很快形成了人气。这家饭店可以容纳70多人同时用餐。20世纪90年代，按照古巴法律规定，私人是不能开设饭店的，可能天坛饭店是哈瓦那第一家中餐馆，成了"特事特办"。当然，这与这家饭店老板的历史背景也有直接关系。王蓓在古巴生活了这么多年，对这家饭店也略知一二。王蓓说："饭店的老板是上海人，他的女儿嫁给了古巴人，后开起了这家饭店。"

天坛饭店雇用了20多名古巴人，每天来天坛饭店用餐的顾客不下一二百人，周末的生意更好。这里的客人来自世界各地，一些西方游客到哈瓦那旅游,手里捧着旅游手册按图索骥找到天坛饭店品尝正宗的中餐。古巴政府官员有时到这里用餐,外国使馆也喜欢到天坛饭店宴请客人。凡是来哈瓦那旅游访问的中国人,包括国内来的代表团和中资机构常驻人员,都喜欢到这里吃饭。每逢饭点,饭店内外挤满了顾客,排队等候品尝地道的中餐。

不过,来这家饭店就餐的都是兜里有钱的人,普通的当地人是消费不起的。

随着在古巴的生意越做越大,王蓓遇到中国来的客人,也去天坛饭店。有一次,来自中国浙江的几位客人到古巴走访,王蓓自然把朋友带到了天坛饭店,让远道而来的中国老乡在异国他乡品尝正宗的中国菜肴。王蓓从古巴的家里带上5个菜,又在饭店里点了几个热炒、几个冷盘,再添上一些果子、饮料,结果还花了450CUC,约等于3500元。CUC可兑换比索在古巴俗称红比,就像中国改革开放前的外汇券一样。当时,王蓓点了一个韭菜炒蛋,价格是18CUC,菜里最多只加了两个蛋;一盘红烧肉28CUC,酸辣汤18CUC,价格真的贵得惊人。如果想在古巴吃上正宗的中国菜,你就得付出昂贵的代价。中国菜在古巴哈瓦那成了"奢侈品"。其实,饭店的菜价与哈瓦那菜市场的原料价相比,真的一个在天,一个在地。

"比如说龙虾,菜市场一个龙虾只卖1美元,到了中国菜馆,一个龙虾就要25CUC,相差25倍还多。"王蓓在古巴生活这么多年,十分清楚古巴的饮食行情。

"商场也有两种,一种是军队商店,以CUC标价,还有一种是老百姓商店,以比索标价。"王蓓说,两种商店针对的顾客自然不同,后者是针对当地居民购物的,前者自然是针对游客了。

刚来古巴的时候,王蓓学西语要请教房东撒丽娜,她会一一耐心作答。王蓓对撒丽娜的热情相教,嘴上不说记在心里,经常会请她共进晚餐。当然,不会去中国菜馆高消费,而是邀上撒丽娜,一起去菜市场买些西红柿、鸡蛋、猪肉等能做中国菜的料,回来后由王蓓自己做。市场上的菜虽然也不便宜，但与饭店的相比，那实在是便宜太多了。王蓓记得，1997年刚到古巴的时候，菜市场猪肉的价格已经不低于中国国内的价格，每500克是相当于8—10元人民币。而古巴每个人都有供应卡，每个月都能分配到大米、糖、盐等生活必需品。若是不够吃，也只能从市场上去购买。比如说大米，一个月只能分到5斤，天天吃大米，一个礼拜就没了。当然古巴人的主食不是大米。一个月分配到的糖、盐倒是有多的。

说起古巴当地人的生活现状，王蓓说："在古巴哈瓦那，一家五口人也是常见的，如果5个人中有4个人在上班，生活是不成问题的。若是两三个人在上班，是要揭不开锅的。"在古巴，上班的工人每天在单位里可以免费吃上一餐，而领导一日三餐都可以免费在单位里吃。工人每个月的工资是8—10美元，干部的工资是15—30美元。近几年来，随着经济的更新，古巴人每月的工资在逐步增加，但增幅不大。

古巴人的生活观念与中国人完全不同。有一次，一熟悉王蓓的古巴人对她说："你现在钱赚得不少了，为何生活还这样节俭？""是啊，我们中国人确实与你们不一样。我们中国人，赚到1美元，0.5美元吃了，0.5美元存银行。而你们古巴人赚了1美元，却要吃掉1.5美元。这就是我们中国人与你们古巴人的不同之处。"

王蓓在古巴生活多年，对古巴人的日常饮食情况十分清楚。古巴人主要喜欢吃肉，而且是大块的肉，还有面包、披萨，蔬菜倒是吃得不多。另外，豆子（菜豆，西文Frijol）也吃得较多。古巴人喜欢吃甜食，喝咖啡的时候恨不得倒半杯糖，辣的东西基本不吃，倒是青睐酸的食品，古巴人能做跟醋一样酸的东西，相当酸。古巴人的饮食习惯随着时代的变迁也在改变，比如黑豆饭如今成为重要的主食，黑豆、猪肉、香叶和少量的青椒、胡椒炖汤，然后浇在煮熟的黑豆饭上。

"古巴人实行基本生活资料配给制，用的是一个购物本（古巴人叫libreta），最基本的米、油、豆子、肥皂、香皂、鸡蛋、盐、糖、咖啡，给未成年人的奶什么的都是凭这个本供应，在古巴的外国人就没这个购物本了。凭这个购物本在指定商店（bodega）里买东西，价格十分便宜，比如鸡蛋才合人民币不到5分钱一个,但是限量的,如果买完了本上的量还想要的话就要去农贸市场上买了,价格会比这个商店里贵很多。以鸡蛋为例,农贸市场是2比索一个,约合人民币五六角一个。"

王蓓在古巴整整生活了20年,而且一直生活在该国首都哈瓦那,熟知古巴人的生活现状。古巴人的平均生活水平不如中国人,按照配给制,古巴人的基本生活是能够保障的。但是古巴人如果想生活好很难,因为大多数工业品都靠进口,需要换外汇券,在外汇商店购买,价格是很贵的。像电视机之类的电子产品,主要受关税的影响,其市场价格要比中国贵近3倍。随着古巴经济更新政策的出台,开始允许搞私营经济,很多古巴人都想办法赚钱,比如开小吃店、开私人出租车、出租房屋。

"如果古巴的一家子,若在国外有侨民,每个月可寄来100美元,那生活就不差了。"王蓓如是说。

古巴人在饮食上,一般爱吃烤、煎、炸制的菜肴。他们喜爱味重的食物,以面包、米饭、意大利面、猪肉、羊肉为主要食品。他们还爱喝咖啡、可可、红茶。圣诞节的传统菜肴是串在烤肉签上的烤肉。古巴盛产热带水果,居民一般将芒果、菠菜、柑橘、木瓜等切成块,加大量的糖掺和着吃。因为古巴人每月吃不完配给的糖,糖对古巴人来说是充足的。

古巴的主食可不适合中国人的胃口。王蓓与哈尔滨供销社驻古巴办合作做国际业务员的时候,王蓓与何法强的一天三餐都是由王蓓打理的,按中国人的饮食习惯做中国餐。王蓓自己主导业务后,早晚两餐一般在家里吃,每天早上起床,煮些泡饭,用从中国带去的各种酱菜下饭,既合胃口,又省钱。中午的时候,随便买一个披萨或者面包什么的,将就一下,晚上回到住宿地,再自己买些菜做晚餐,自己的胃还是不可怠慢的。

如今,在古巴,面包、牛奶是家家户户必备的食物。古巴人习惯用面包夹黄油、蛋白酱、果酱、奶酪、火腿之类的调料和食物。这一点和西方餐饮习惯一致。对王蓓来说,家里配备的肯定是中国的酱菜和做中国菜的各种调料。中国的胃只会适合中国的菜,始终难以适应北美的口味。

当然,古巴也有中国人喜欢吃的美食,比如可乐饼。说是可乐饼,其实和可乐一点关系都没有,只是 Croqueta 的音译。其是用面浆、芝士、火腿末、鸡肉末搓成丸子,沾上面包屑,油炸至表面金黄,吃起来外酥里嫩,咸香可口。这样的可乐饼在高级酒店和街头的国营餐厅里都有卖,但差价实在是太大了。在高级酒店里,一盘可乐饼可以卖到8—9美元,而在国营餐厅里,只需要3—5比索一个,折合人民币1元。

仅次于可乐饼的就是 Fritura 了,中国留学生给它取名为炸面蹶子,就是玉米面糊加点盐,最多加点葱花,直接下锅炸成乒乓球大的丸子,吃后会让你感觉到油腻、胀肚。王蓓在古巴生活了这么长时间,早就尝过这个丸子,吃起来就跟油炸臭豆腐似的。

从古巴的饮食上就明显看出古巴两种货币体系存在巨大的差价。实行两种货币体系的初衷是保护古巴脆弱的经济,愿景美好,实际情况却并不美好。两种货币之间的价值差距太大,古巴当地人对此不满,因为古巴人的工资是以价值低的古巴比索支付的。

"一国两币"是古巴的特色。古巴比索(PSO)和古巴可兑换比索(CUC)都是法定货币。CUC汇率盯住美元,价值是古巴比索的25倍之多。24古巴比索能兑换1美元,而1CUC可兑换1.12美元。大多数古巴人使用古巴比索,几乎所有消费品的价格都是用古巴比索定价的。外国人则更多地使用CUC。国家体系中的古巴雇员的工资结算使用古巴比索,旅游业、高档酒店和商场则更多使用CUC。

拥挤公交

古巴公路、铁路交通网遍布全国,但长达半个多世纪以来,受邻近的美国经济封锁的影响,发展一直十分缓慢,公路因缺乏维护资金,状况不尽如人意。特别是公共交通方面,公交车辆严重不足,影响着人们的出行。近几年来,古巴迈开经济更新步伐,各方面形势已经有了新的起色,交通状况也不例外。如今,在哈瓦那街头随处可见崭新的公共汽车。如果仔细观察，你会发现这些崭新的公交车几乎都是中国产的"宇通"。

到古巴的第二个年头，王蓓与江西南昌进出口公司合作，自己主导国际贸易业务。办事处的注册地在哈瓦那的横坑前开发区，虽然距她的住处开车只有40分钟，但如果乘公交车需要换三次车。因公交车班次间隔时间长，有时乘车的人多，挤不上车，如此一来，去一次办公地得花费两三个小时。在古巴创业初期，王蓓对各种开支都是精打细算的，能省的都得省一点。

从以前的经历看，王蓓从小在吃苦中长大，深感赚钱不易，懂得怎么省钱，不论因私还是因公。为了省点平时的交通费用，她去横坑前开发区，每次都是乘公交车。在哈瓦那乘坐公交车，不论你要去哪里，票价是2比索或5比索。因乘坐的人多，公交车出现拥挤状况不足为奇。每当遇上这种情况，你挤不上公交车，那只能耐心等待下一辆车的到来。在路边很少能看到显眼的公交站，你可以看看哪里聚集等待的人群，差不多就是公交站了。王蓓早上7点30分从位于哈瓦那老城的住处出发，换乘三次公交车到达开发区办公地，差不多已经是10点多了。

王蓓聘请了当地中年女子依西当办事处的秘书，每月薪资500美元，按相关规定，依西本人只能拿到200比索，其余全部上缴给国家。平时，依西接听电话，处理一些日常事务，如果遇到订单的事，王蓓自行处理。虽然王蓓不是每天必须去办公，但随着业务的不断扩大，大多数时间都得去开发区，于是经常得挤公交车。

自从主导起国际业务，王蓓的经营状况逐步好了起来，要她处理的事情也多了起来。她想到平时这样挤公交，太浪费时间了。于是王蓓想到了租车。当时租车每天需要支付15美元，中午司机吃饭还得买单。但办事效果大大提高了。从哈瓦那老城区到横坑前开发区，开车只需要40分钟。费用虽然是大大提高了，但速度是能出效益的。王蓓想，每天多花100多元，如果多成交一单生意，多开支的成本不就回来了？

也许从小遗传了父亲会算账的基因，一段时间下来，王蓓想到租车还不如买车。王蓓在车市上，花了8000美元买了一辆二手的韩产车。

那时,在古巴买车税收不高,不像如今买车需要缴纳300%的税。有了自己的车子以后,办事真的方便多了。不论到开发区,还是哈瓦那的老城、新区,马路上的汽车不多,道路畅通,开车一般都不会超过一小时。算算费用,每星期的油费只需要20美元。

以前,古巴人买车需要特批,比如功勋科学家、优秀运动员、劳模等有特殊贡献的人,才有资格得到一个新车购买配额的奖励。而一般人只能买卖1959年革命胜利前生产的、留在古巴的车辆。这类车被称为老爷车。古共六大打破了这一限令。劳尔·卡斯特罗签署法令,宣布自2011年10月起,古巴自然人或长期居留古巴的外国人,可以自由进行机动车赠予和转让,也不再需要任何政府部门的事先许可。但政策允许和买得起车完全是两回事。

古巴有法律规定,挂红、蓝牌照的公车,如果车内有空位,遇有人搭车应允许乘坐;如果违反,你将成为被告。如果是私车,遇到顺路搭车的人,那就得看你的心情了。

苏联在解体前,每年供给古巴1300万吨石油,断供后,古巴石油供应缺口较大。古巴每年最少需要六七百万吨石油,却只能开采200万吨,远远不能满足实际需要。为了缓解交通问题,于是古巴有了全世界独一无二的法律规定。据说,有的将军的专车都成了班车,每天上下班时,沿途都要拉几名百姓,同车而行。因此,古巴的公车可谓是真正的"公车"。这被当地人称作"捡瓶子"。而路上看到的卡车、公共汽车上总是人挤人,有时乘坐公交车,连转身也会碰到人。

如今情况不同于10多年前了。王蓓说,如果现在你去哈瓦那游览,乘坐出租车是最方便的办法。一些出租车是20世纪50年代的美国雪弗兰,还有一些是相对新一些的俄罗斯拉达,大部分是现代、标致、斯柯达,偶尔还能遇见奔驰。

在古巴租车自驾也很方便,抵达哈瓦那何塞·马蒂国际机场后,在机场大厅里就有很多租车公司的车可以选择,主要是以古巴本土的出租车公司为主,根据租车时间的长短和租的车辆品牌不同,租车的费用是

50—200美元一天。在古巴租车的手续很简单,只需要护照和中国的驾驶执照即可,不需要翻译件和公证。

在古巴,如果你把车停到一个相对拥挤的地方的话,通常是需要支付小费的。想想不太完善的古巴交通系统,租一辆车对不想折腾的游客来说,是一个不错的选择。古巴流行搭车,如果遇到搭车的旅行者,不妨就捎上一段吧。有时候这个人说不定还可以为你指路,免去你迷路的困扰呢。

2002年,王蓓的儿子蒋岳远赴古巴,经过一年的西语学习后,在哈瓦那大学读研期间,开始帮助母亲打理贸易业务,平时也结交了几个古巴朋友。有一天,一古巴朋友提出借车用用,蒋岳自然同意。但结果不知什么原因,朋友把车给弄丢了。蒋岳也不好意思追问究竟咋回事,心里想着,既然找不到了,也就算了。虽然是一辆破旧的二手车,但古巴人收入普遍不高,让他赔也真的没钱赔。

旧车没了,干脆买一辆新车。王蓓花了1.8万美元,买了一辆雪铁龙。那时,古巴的购车税不高,买车还是比较便宜的。创业初期,资金紧张,王蓓没钱买车就挤公交车,后来她国际业务越做越大,钱也赚到了一点,按王蓓的性格,是不会乱花钱,但该花的钱还得花。

说起买车,王蓓感觉很合算:"后来我花了5万美元又买了一辆法国标致,按现在300%的车购税,价格要15万美元了。"

国际贸易业务多了,驻古巴办事处的人也慢慢地多了,汽车已经成为必备的交通工具。

购房办公

哈瓦那市由旧城和新城两部分组成。旧城位于哈瓦那湾西侧的一个半岛上,占地面积不大,街道狭窄曲折,迄今保留着许多欧洲式古老建筑,那块地方如今成了建筑艺术的宝库,1982年被联合国教科文组织列为"人类文化遗产"。在那里,古老教堂、城堡、广场、博物馆、纪念碑、公园、图书馆等众多，是著名的旅游胜地。

老城区是总统府所在地，特别值得一提的是国会大厦。这座国会大厦外形酷似美国华盛顿的国会大厦，建成于1929年，整体采用新古典主义建筑风格，但其建造者欧亨尼奥·拉尼瑞称该建筑圆顶的灵感来源于先贤祠（Panthéon），即位于巴黎的法国著名文化名人安葬地。该圆顶采用钢架构造，再辅以石头建造而成。国会大厦被当地人称为"小白宫"，其构件是在美国建造的，后由古巴进口，高92米，20世纪50年代之前一直是哈瓦那最高的建筑。大厦内部装饰高雅华丽，尽显气派；外部有几个漂亮的法国式花园，构成一幅美妙的风景画。

旧城是当年西班牙殖民统治时期殖民者的重要基地，四周工事环绕，具有很高建筑学价值的古老建筑物大多集中在旧城区的兵器广场、大教堂广场、圣弗朗西斯科广场及老广场附近。旧城区那些传统性民宅具有独特的历史文化氛围。

旧城的这些老房子往往排列紧密，一户挨着一户，邻居们闲来无事喜欢站在二楼自家阳台上，面对面聊天，刚放学的孩子在房前屋后追逐打闹嬉戏，生活安逸而自然。普遍来说，古巴人的住房面积不大，毕竟人

古巴国会大厦外景

均月工资才20美元左右,比前几年有所提高。现在古巴允许搞私营经济,收入就拉开了距离。但一套房子要卖几万元到几十万美元不等,普通百姓哪有钱买房。

在过去的半个世纪中,古巴居民如果想改变居住环境,主要的途径就是靠换房。

"别墅我不去奢望,就想住在那些现代化的楼房里,可就是手里钱不多,还得再存几年。"这是当地百姓的心声。他们说的"现代化楼房"指的是20世纪六七十年代建造的苏联式公寓,一套带卫生间和厨房的两居室,50—60平方米,每平方米要1200CUC左右。

"在古巴买得起房的有这样几种人:和外国人结婚的,在外国有亲戚汇款的,还有长期在古巴的外国人。"王蓓在古巴多年,十分清楚那里的民情。

从2011年11月1日起,古巴政府允许私人买卖房屋,并且允许每人拥有两套房产,一套在城里用来自住,一套在郊外用来度假,这是自古巴革命胜利半个世纪以来,首次解禁房屋买卖。

如今房屋交易解禁,大多数人还是买不起房,一家人祖孙三代挤在一套房子里是经常的事。在老城区的人们住的大多是骑楼和公寓,没什么高层建筑。

濒临加勒比海的新城区那就是另外一番景象了。哈瓦那新城区可谓是拉丁美洲著名的现代化城区,一眼望去,宽阔整齐的街道,鳞次栉比的高楼,豪华的宾馆、饭店、公寓、政府大厦等,花坛草坪点缀其间,充满了现代化的气息与繁华。

王蓓自从与江西南昌进出口公司合作,做起该公司驻古巴办的"总管"后,为了方便办公,从远到近,前后总共搬了9次家。为了节省开支,每个月房租最高不超过400美元。王蓓到古巴的第六个年头,儿子蒋岳大学毕业后也来到古巴,终于与长期分离的母亲来到一起。作为儿子,终于可以陪伴辛苦了差不多半辈子的母亲。儿子来到身边的时候,正值国际贸易业务越来越繁忙,王蓓开始下大本钱了,在哈瓦那的使馆区,租下了一处原来是外商使用的房子,面积有400多平方米,租金自然不低,每月要4000多美元。这样既有了自己安家的地方,也有了自己的办公用房及库房。

就像买车一样,王蓓在古巴买房既出于成本考虑,又考虑到投资房产的价值。长期租房,可是一笔不小的开支,现在手头上有钱了,何不买下房子用来居住和经营?可王蓓想买房子,也确实费了不少工夫。当时,古巴房屋买卖还没有开禁,王蓓是不可以向古巴人购买房子的,后来她终于找到了长期居住在古巴的一个西班牙人,花了55万美元,在新区买下了两套房。左边一套,右边一套,每套面积七八十平方米,一套用于办公,另一套作为住房。

说起房子的事,王蓓还顺便讲了一个对中国人来说很有趣的事。中国人结婚,往往是新娘到新郎家落户,而古巴却刚好相反。

"古巴人婚嫁,新郎到女方安家,古巴男人一旦成家,就得嫁到女方家去。"真是成了"男大当嫁,女大当婚"了。

坐落于哈瓦那老城区的拉富埃尔萨城堡建于1538年,是古巴最古老的城堡。建筑呈方形,四周围墙环绕,顶部塔楼高耸,上置的印第安少女"哈瓦那"铜像格外引人注目,哈瓦那城就是因此而得名的。

1492年,哥伦布发现古巴岛,1510年开始殖民此地。哈瓦那建于1519年,1550年成为古巴主要城市,1898年成为首都。

1931年,古巴在哈瓦那建立华人纪念碑,高达18米,纪念碑用大理石制成,赤色圆柱形,这是1931年古巴人民为了表彰华侨在古巴独立战争中建立的功勋而建。在黑色底座上刻着碑文:"在古巴的中国人没有一个是逃兵,没有一个是叛徒。"

通信昂贵

2011年之前,古巴只有一家通信公司,至今仍是全球网络普及率最低的国家之一。据统计,仅有5%的古巴居民能享受到基本的网络服务,而能用上宽带网络的古巴人不超过1%，网络接入权限都集中在政府、外企和酒店。

古巴与美国南北相望，紧紧相依，但因为美国的封锁，古巴无法接入附近的海底电缆。与美国关系改善之前，古巴多年来只能通过卫星连接上网。但卫星上网不仅昂贵且网速极慢，开一个网页，会让你等上好几分钟。

在过去20年，当互联网已经在世界多数国家与地区普及的时候，古巴却一直与这个数字世界几乎完全隔绝。目前，随着古巴对互联网的需求越来越强，古巴政府正在计划逐步放开互联网管制，满足古巴人民的上网意愿。据资料显示，古巴在建设本国互联网基础设施方面，更加倾向于选择中国作为合作方。

一些早期到过古巴旅行的游客曾在首都哈瓦那的网吧体验过每小时4美元的上网费用，几乎相当于古巴人平均周收入，而酒店的上网费高达每小时7美元，超出了大多数当地人的承受能力。

随着外国游客的急剧增加，古巴政府在改善互联网上已有行动。比如2016年2月，古巴的电信运营商推出了价格4.5美元/小时的WiFi热点服务。与此同时，首都哈瓦那的免费公共WiFi也开始出现，但网速会令人失望。就在这一年年初，古巴电信宣布美古之间15年来首次恢复直接电话连接。

在古巴，王蓓很晚才用上手机，平时通信都是到五星级酒店，购买电话卡，通过国际长途进行通话。

去五星级酒店购买电话卡，还得排上长长的队，按规定一次最多只能买5个卡。每个卡10美元，一个卡只能通上1分钟多一点，当卡里钱快打完的时候，电话里就会发出提示音。王蓓与中国国内贸易公司通电话如果时间长一点，就得往电话机里不断地塞卡，否则电话就会自动断线。

"王蓓，身体怎样，吃得还好吗？"

王蓓在与中国国内贸易公司通电话时，对方出于关心，免不了会问候几句。

"好了好了,别说了,卡里的钱快没了。"王蓓为了省点电话费,很少谈及与生意无关的事。

每做一笔生意,王蓓与相关的中国国内贸易公司需要多次沟通,让对方了解具体情况,日常通信费用省不了。

王蓓是一个重情义懂得孝心的人,她虽然身在万里之遥的异国他乡,但时常会惦念生她养她的父母。特别是母亲,如果半个月里,母亲没有听到女儿的声音,就吃不好睡不好,会担心自己的二女儿会不会有事。于是母女有了一个约定,不管有事没事,每半个月至少通一次电话。

那时,父母住在宁波朱雀新村,是王蓓在宁波做厂长时,用年终奖金买的一套房。

邬芳华,王蓓妹妹的女儿,2004年赴古巴办事处工作4年。据她说,那时,贸易资料主要通过电子邮件寄发,如果内容都是文字,传输时间不长,但如果邮件里面有图片,且容量较大时,那只能让它在电脑上慢慢地飞了,等上一两个小时也是有的。

王一,王蓓小弟的儿子,2009年去古巴帮助二姑妈做国际贸易,曾在那里生活了3年。他说起通信上的事记忆还是很深。

"邮件接收,如果容量大,只能慢慢地等待,有时网络会卡住,实在等着用时,只能到五星酒店上WiFi,收费1小时8美元。"王一说。与电话费用相比,WiFi上网的费用还算不高。王一记得用手机与中国国内通话的费用还要高得多。他手机用的是中国号码,1分钟的费用需要人民币36元。

那时古巴的网络状况,就像中国开始用电话拨号上网时的状况。古巴的通信上网费用实在高得惊人,王蓓在哈瓦那做贸易,不管怎么省,每个月通信费用至少跑掉500美元。平时,只要不急用,主要还是通过电脑来接收和发送邮件,只是多花上些时间。

家里遭窃

古巴地处热带,天蓝蓝海也蓝蓝,空气十分清新。

古巴社会稳定,治安良好,没有恐怖活动,无严重的刑事犯罪,几乎不会发生抢劫偷盗之事。

古巴人很友善,很真诚,交朋友同样很诚实。在古巴生活过的中国人包括留学生,对古巴人的总体感觉是很热情。

"哈瓦那社会治安很好。"

在绚丽的阳光下,总会留下不协调的斑驳阴影。王蓓长期生活在古巴首都哈瓦那,仅仅遭遇了两次偷盗的事。

虽然遭遇过小偷,家里也进过贼,但王蓓对古巴的社会治安总体还是很满意的。

说起被小偷偷去钱包的事,王蓓仅仅是当作笑话来说。那是在去横坑前开发区的路上,换了三次公交车。当时正值上班时间,公交车上挤满了人。王蓓不知道什么时候肩上背的挎包被刀割了一个口子,里面仅装着几十个比索的钱包不见了。

"平时上班,钱包里我从来不多带现金的。有时,会在路边摊上买点吃的,所以会装相当于几美元的零钱。"王蓓说得很轻松。

那天,王蓓到了开发区办公地,看见一个40来岁的当地男子在路边摆摊,摆放着芒果等各类新鲜的水果。芒果是王蓓平时喜欢吃的水果,于是她走了过去。经过一番讨价还价,与摊主说定了价格,到挎包里拿钱时却发现钱包找不到了。

"怎么回事,忘了带了?"王蓓心里嘀咕着,此时看到挎包表面被割了一个口子,才知道刚才乘车时不留意,遭遇了小偷。来古巴已经好几年了,王蓓第一次遇到了小偷。

"我的钱包被偷了,身上没钱了,要不你跟我一块到对面办公室里拿钱,或者你等我过去,把钱拿来。"

说好了价钱,就得守买卖规矩。摊主开始不相信,有点不高兴:"你骗我,你们中国人耍赖。"

此时,王蓓身上真的1美元也没有,摊主不相信能有什么办法呢?

摊主只能看着她前去拿钱。

当时王蓓买了6个芒果,古巴的芒果比中国的芒果大很多,每个芒果说好是6比索,总共36比索,按24比索等于1美元折算,王蓓要付的钱连2美元还不到。假如摊主每天做成这样一笔生意,一个月下来,至少做了45美元的生意,赚到的钱估计不会低于一般工人每个月的工资。看来王蓓的这单生意也不算很小,难怪摊主说话这么来劲。

王蓓马上拿来了买芒果的钱,这时,摊主才露出了笑容,并很有礼貌地说:"格拉西啊丝(西语:谢谢)!"古巴人的性格就是直爽,不乐意就不乐意,生意做成了,心里高兴了,就会向你道谢,以表示刚才对你不礼貌的道歉。

家里进贼的那一次王蓓可是损失惨重了。那是在哈瓦那使馆区租的房子。儿子自觉得哈瓦那治安好,租了房后,没必要调换门锁。确实,在哈瓦那偷盗之事是极少发生的,也很少听闻。可是,凡事皆有可能发生意外,就像在中国买彩票,当你花了2元,就存在中500万元或1000万元的可能。结果,意外还是来了。蒋岳出差在外办事仅三天时间,房里被翻得一塌糊涂,家里存放的现金三四万美元不翼而飞,更糟糕的是电脑和U盘也不见了。凡是家里值钱的东西都被盗贼一扫而光。

这是一栋5层楼房,王蓓租下的房子在4楼。家里大门上的两把锁好好的,铁门上的一把锁也好好的,没有被撬开的痕迹,明显是用钥匙打开的。房子原来住的也是与王蓓身份一样的人,是一个外国商人。事情发生之时,一楼是有门卫看守的。

报警后,警察来了,经仔细搜查,没有发现有用的线索。

警察进行一番实地调查之后,离开之前只能提醒蒋岳,以后家里不要放这么多现金,该存银行。

没有证据不能乱怀疑人。此事发生后,门卫被警察传讯并被拘留了一个星期,算是他应承担的保安责任。

近几年来,古巴开始了经济更新,就像是20世纪80年代中国改革开放的初期,随着私有化进程的向前推进,一些不协调的社会现象也随之出现。如果你现在去古巴旅游,特别是在人口比较少、条件比较落后的地区,出门最好结伴而行,尽量少带现金和贵重物品。穿着适当,不要太引人注目,就怕出现万一。出门时,护照、机票、钱财等单独保存,备好证件复印件,尽量避免不必要的麻烦。如遇险情,及时报警。如有需要,应尽快与中国大使馆取得联系。

随着古巴经济更新的新政策出台,哈瓦那的街头,私人经营的餐馆、咖啡馆、理发店、小吃摊如雨后春笋般冒了出来。几十年来大街上一直空空荡荡的哈瓦那,现在开始出现堵车现象。在2013年12月,古巴政府出台政策,允许古巴民众从国营商店购买新旧摩托车、小汽车、越野车、卡车等交通工具。给人最直接的感受是,路上看到的再也不是清一色20世纪50年代的老爷车,崭新的车子开始多了起来。

每当夜晚,一群年轻人相聚在一起,放着音乐一起在露天 K 歌。古巴人豪放的性格在歌声中暴露无遗。在古巴的中国人不多,如果你有机会到古巴游览,参与到古巴人的露天 K 歌,完全不必为安全担心,你将成为贵宾,会受到意想不到的厚待。

往返转机

古巴到中国相距1万多千米,途中需转机,路途更加遥远。到古巴的初期阶段,王蓓来回两头跑一次,就得花上差不多整整4天时间。为了省钱,她选择的都是转机的路线。

2004年,王蓓算是走出了创业初期的困境。但在此之前,她一直在艰难中前行。就在到古巴的最初那几年,王蓓为了省下旅途费用,从古巴回中国的时候,走的路线基本上从俄罗斯经过。从古巴哈瓦那出发,在俄罗斯莫斯科转机,然后到中国北京,有时会选择中国上海。

从哈瓦那到莫斯科飞行时间是 12 个小时,可接下来是漫长的转机等候时间,往往需要 18 个小时,而且每次登机出发时已是深夜,为了省钱,王蓓乘坐的多是"红眼航班"。

王蓓至今还没有忘记,有一次在莫斯科候机,她足足等了 24 个小时还多。在机场候机厅里,光茶水就喝了 15 杯,1 美元一杯,喝水也喝掉了 15 美元。如果想喝矿泉水,那更贵,每瓶矿泉水 2.5 美元。饿了吃一点随身携带的饼干和面包。

一批又一批的旅客走了,一批又一批的旅客来了,王蓓心里急也没用,只有默默地等待。在漫长的候机时间里,王蓓拉着行李箱,一会儿到这里,一会儿到那里,专门找一些亚洲面孔的人坐在一起。"与相貌相近的人在一起,会有一种亲近感和安全感。"王蓓说了当时拉着行李箱找人挨着坐的原因。

时间一长,眼皮会直往下垂,但又不敢睡。睡着了,怕行李不见。候机的时间真的难熬。后来次数多了,就想出一个办法。带上一根长长链条,想睡的时候,把链条套在手腕上,再用链条绑住行李箱的把手,这样靠在椅子上睡会儿,就不用怕丢行李了。有时候旁边没人,就躺在座位上。人实在想睡,管不得雅观不雅观了。

等到好不容易上了飞机,从莫斯科飞北京还得花上 9 个小时。从古巴上机到北京,差不多就得花上整整两天。如果不转机,途中只是经停,一个来回就得花去人民币 1.5 万元,选择转机,一趟至少可以省下 3000 元。

虽说早期在古巴做国际贸易利润空间高,但因为那时王蓓是与中国国内贸易公司合作的,赚钱也挺不容易,所有货款都是汇给合作方的,至于她该拿的佣金,往往没有按合同来,不是被拖欠,就是被打折扣,而贸易各个环节所产生的一切费用都得由她来支付。王蓓不想法子省钱,怎么赚钱?靠山吃山,靠海吃海。靠人家公司做生意,只能看人家的面色。正因为她肯吃苦,会吃苦,生意场上又是闯荡了多年,能力超强,才会被合作单位看重。

生意慢慢地做大了，王蓓从古巴到中国来来回回奔波的次数也越来越多了。她记得，其中是2000年这一年，她来回一共跑了10趟，差不多每个月就要跑上一趟。

2004年之后，王蓓有了一定的资金积累，为了免去漫长的转机等候，王蓓重新选择了几个出行路线。那个时候还没有直飞航班，经停还是免不了。从古巴哈瓦那出发，斜穿大西洋7个小时后，到荷兰阿姆斯特丹，再从西北角往东南方向飞往中国上海，耗时11个小时。

还有更快的出行路线：从古巴哈瓦那飞往加拿大多伦多，从南往北方向，沿着美国的东海岸飞行，3个小时就到了；再从多伦多飞行12个小时到达上海，总共耗时15个小时。

王蓓出行次数多了，知道了更多便捷的往返线路。

那些年头，王蓓还到过法国，从古巴到法国巴黎，等待转机。

从地球这一端飞到地球那一端，路途确实够遥远的，走一趟身体累，精神也累。王蓓回想起读书的时候做草鞋，手指被磨出一个个老茧，又回想起做农民的时候，挑青草挑得肩膀淌血，滴滴答答，出行的这点累又算得上什么呢？！说起旅途的事，王蓓始终显得很平静，根本不当一回事，只是说些从哪到哪，就像一个导游在讲路线。

"后来，从古巴到中国有直飞航班了，途中在加拿大某军用机场停一下，加满油就可以直飞中国了。"

时至2017年，王蓓虽然已经回到家乡投资兴业，但一年两三次古巴行还是少不了，遇到重要的事还得由她出马。儿子蒋岳虽然已经挑起了在古巴的担子，但母亲这么多年走过来，忘不了曾经的老朋友，即使没事，也会不定期地去走访一些老朋友。

"古巴，我肯定还会来，直到走不动。"王蓓心中默默地这样想着，也是这样做的。

第九篇　诚信创业

创业的路是少有人走的路，走好这条路，首先要走好为人之路。诚实为人才能赢得别人的尊重。做生意不仅为自己考虑，更要为他人着想。买卖要做，害人害己有违道德的事千万不可做。做人要守住底线，做生意也得守住底线，这样事业才会兴旺。

广泛合作

每个创业者的背后，都有自己独特的、不能为别人所仿效的经历。一个成功的创业者走过的路，通常不适合其他人跟着重新再走。从王蓓创业的经历看来，与其他创业者的经历有似曾相同之处，其实从内心深处来看，那就不同了。

人的经历也许会有相似之处，但遇上挫折的时候怎么处理，每个人的心理上和行动上就会出现大的差异。这不但取决于一个人的秉性和处事能力，而且与一个人的思维模式紧密相关。一个人的经历不同、性格不同，决定了相关联的因素不同。一个人的能力和品性是在漫长的人生征途中一点一滴地积累而逐步形成的，有其独特的一面。如果说，王蓓没有几经磨难的经验积累和历练,没有与人交往的诚实品性,就不会那么容易走上创业的成功之路。

从何时起,才能算王蓓有了属于自己的一番创业天地? 从她走过的人生之路看,该是到了古巴以后开始的。如果仔细算来,那也得从她到了古巴的第二个年头,与江西南昌进出口公司合作算起。从那时起,她虽然还没有自己的公司,但可以主导所有的国际贸易业务。走到这一步,已经非常不容易了。

她一路走来,从来都是在困难中奋进的,在一步一步的摸索中前行的,她曾经历两次创业,但终出于种种原因,以失败而告终,一帆风顺的好事好像一直与她无缘。

1997年王蓓来到古巴,她前后邀请来的意向投资人都知难而退,可她偏偏迎难而上。是什么原因让她留在了加勒比海的岛国?

"在古巴,我看到了巨大的商机。"

王蓓说这句话的时候,表情显得十分认真,这句话是她一字一顿地吐出来的。

当一个巨大的商机出现在面前的时候,也许你会视而不见,但当你发现商机来临的时候,你是否有能力去抓住它,又是另外一件事了。把握它,不是一件容易的事,甚至会付出巨大的代价,还会有想象不到的风险。

事实果真如此。王蓓敏锐地观察到古巴眼前的商机难得,为了抓住这个商机,花费了超千万元的血本,并在遭遇人生最大的挫折后,推倒重来,以非凡的勇气坚强地站立起来。

古巴是一个在美洲的情况特殊的国度。1991年苏联解体,来自莫斯科的大规模财政援助终止,古巴的经济运行遭受严重冲击,一度出口骤降79%,进口狂跌75%,财政赤字超300%。政府不得不开动印钞机,严重的通货膨胀随之而来。

苏联解体后,古巴一下子失去了大援助,给国民生活带来了重大影响,而且还出现了明显的滞后效应。

"1995年、1996年、1997年这三年，生意特别好做，古巴各种物资都紧缺，什么东西都要，接贸易订单都是即期的。"

王蓓在古巴20年，自然清楚那时的状况。王蓓错过了在古巴做生意的最佳时期，但也没错过大好时机。

"王蓓，可以报价了。"

那个时候，古巴各部委所属的贸易机构往往是主动与她打招呼。可想而知，这样做贸易省事多了，利润也相当可观。

与江西南昌进出口公司合作的第二年，王蓓接了一个20万美元的订单，结果程序上出现了状况。她不知道合作公司人事变动，总经理换人，合作出现了枝节。当时，古巴的信用证已经到了，要求即时下单，落实工厂生产需要预付款，而短期内无法解决银行贷款。现在运作程序上出现了问题，最后还是王蓓的诚实帮助她消除了这次困难。

古巴驻中国大使馆的商务官员对王蓓说："你可以找北京机械进出口公司转一下。"在古巴商务官员的陪同之下，王蓓与北京机械进出口公司进行了面谈，结果如愿以偿。通知江西公司退信用证，古巴银行再开出信用证到北京公司，经过一个半月时间，好事多磨，王蓓完成了此项合作。但江西公司提出了双方合作的新规定：王蓓只能接10万美元以下的单子，10万美元以上的单子不能接。该公司的理由是，预支的流动资金不足。

随着业务的拓展，王蓓不仅做纺织品之类，古巴方面需要什么就做什么，而且拖鞋、灯具等一些新增的项目也被列入接单范围。

2007年，王蓓在中国宁波投资建立宁波丘盛服饰有限公司，翌年，又创建贝亚时代（宁波）国际贸易有限公司，贸易范围在不断地扩大，机电、电器、化工产品、日光灯系列等陆续被列入接单业务中，大单业务明显在增加。

王蓓创办自己的公司前，也就是2007年前，因业务能力超强，与她合作的中国国内贸易公司就已经不少。与古巴做生意，过程并不复杂，只是提交备案的公证资料需要花去不少费用，但手续相对简单，不像开外贸信用证走流程那么漫长。比如曾合作时间较长的湖州大港进出口公司，王蓓拿到大港公司的营业执照、出口资格证明书及委托书，找外事翻译把这些资料译成西文，再通过中国外交部转交给古巴使馆，等拿到古巴外交部盖章，承接国际贸易的合法手续就办齐了。

如今，王蓓在奉化的办公楼里，打开保险柜，给作者看尚保存的原始资料时，作者了解到当时与她合作的公司有 10 多家，南通、上海、湖州、南京等地的贸易公司都曾与她合作过，其中在上海的就有 3 家，两家还是大型的上市公司。那时，哈尔滨供销社驻古巴办事处代表何法强，看到王蓓生意做得如此红火，两人见面的时候，当然客客气气，可心里各有各的一番滋味。

王蓓的生意为何会如此红火，古巴方面为何乐意与她做生意呢？其中的原因不是一句话能说得清楚的，是多方面的，主要是她为人诚实、声誉可靠、遵纪守法、不图横财。其中最为重要的一点就是为人诚实，正因为诚实的品性，赢得了古巴高层人士的信赖，从而在国际贸易的业务上得到了高层人士的帮助。

"你必须以诚待人，别人才会开诚布公，别人才会以诚相报。"李嘉诚从一名穷困的打工仔到华人首富，他开创的商业神话更能说明创业初期就要讲究诚信、树立商誉的道理。王蓓是个读书人，也曾做过教师，何尝不知为人诚信的重要性。

不图横财

"有钱大家赚，利润大家享，这样才有人愿意合作。假如拿 10% 的股份是公正的，但是如果只拿 9% 的股份，就会财源滚滚来。"李嘉诚曾经说过这样的一句话。

王蓓与中国各地贸易公司合作做生意，何尝不是这个道理。自己上门去求的生意难做，如果生意跑来找你，就容易做了。她算不上资深的创业者，但绝对算得上久经沙场的生意人。

古巴的贸易机构之所以会主动找王蓓接单子，就是她平时积累的结果。广结朋友是一条路，如何为人又是一条路，王蓓以前做厂长搞销售和采购的时候，就广结了很多朋友，以自己诚实的为人，积累了丰富的人脉关系。人的品性是有很强的延续性的，王蓓到了古巴，同样以自己的人品结识了一帮古巴贸易圈的朋友，还结识了不少高层人士。

"做生意不能太贪。"王蓓自有一套生意经。一段时间以后，王蓓知道如何了解古巴的市场行情了。

"商店里商品计价不变，只是各种商品在变换，只要去商店里看一下标价，就可以推算贸易如何报价了。"王蓓知道怎样计算利润空间。古巴实行的完全是计划经济，商场里的商品标价在一个时期内是一成不变的，如果按标价除以三，把关税扣除，自然就知道商品的进价了。

"报价不能太高，有钱赚就行了。"

王蓓谈起生意经时如是说。

是啊，在她的心里常常考虑的是对方。这一点，在王蓓身上显得较为突出，当与她交谈的时候，就会有深刻的感受。她的目光往往会放在对方的利益上，不会老想着占对方的便宜。一个人如果老是想占便宜，这个人的朋友就会越来越少。少一个朋友就会少一条路，到时候将会无路可走。

到古巴的第二个年头，王蓓开始自己主导经营了。错过了最佳时期，但迎来了大好时机。对古贸易的利润虽没有前几年那么高，但利润空间还是比较大的。

"王蓓，现在需要拖地布，你报个价吧。"古巴卫生部与军队的贸易机构会主动找上门来。

按照市场的标价，如果可以赚200%，王蓓往往会与对方共享利润空间，报个毛利空间100%的价格。虽然，那时与古巴做生意确实容易赚钱，但她从来不贪心。

"王蓓，你为什么价格往往报得比别人低？"

"我回本够了，只是少赚了一点。"王蓓说话很少带修饰，除非交谈的时候触动了内心的情感,才会流露出轻微的脸部表情。

　　在贸易的价格上,她善于把握分寸,注意"度"的控制,这也许就是她与众不同的地方,这也许是她能把生意做得越来越大的原因之一。

　　做生意需要换位思考,这个道理生意人都懂,但是说说容易,真正要做到这一点,也不是容易的。生意人总是想着多赚一点,但问题往往就出在这一点。本是无可厚非的谋求,却会造成"贪小失大"的不利后果。做生意,谁不想多赚一点钱,但这里需要"度"的把握。

　　假如说,你现在有一家饭店,菜肴的味道是不错,如果"刀磨得太快",回头客人就没有了,生意如何做得大? 办实业做产品也好,做国际贸易也好,都需要一个良性循环的过程。如果你搞规模经营,薄利多销,何愁不来生意。开饭店也好,做贸易也好,都有一个生意经。

　　做国际贸易也一样,如果你贪心过大,失去的是更多的订单,结果赚到的钱会比不贪心少得多。说说容易,做到很难了。你做生意是否成功,就在"贪"字中间游荡,看你走向哪一边。

诚实做人

　　"言不信者,行不果。"这是中国战国时期著名思想家、教育家、军事家墨子说过的一句经典名言。

　　1993年,王蓓与港商合作,第二次创业,终因客户不守诚信,货款拖欠,无法正常经营而告终。在生意场上,只遇见客户的违约,从来不见王蓓的失信。诚信对她来说好比生命,坚守诚信,是她开创自己事业的准则。自从在古巴做国际贸易,王蓓同样以诚信为本,合同上签订的内容准会办到。遇到困难,哪怕是亏本买卖,也会自己去解决,从来不会为难客户。

　　平时,王蓓说话耿直,想什么就会说什么,不会拐弯,从不掩饰。她做生意的时候,同样也是如此,最不喜欢与客户三番五次地讨价还价,能做则做,做不了就不做,如果违反做生意准则的事,更不用商量了。她真是一个规规矩矩的生意人。

记得早期为港商代理业务的时候,王蓓还会为客户没收到货款而先发货的事而担忧。她做生意如此,做人也如此,是一个诚实的人。

说起一件事,王蓓至今耿耿于怀。那时,她受雇于一香港老板,与中国浙江新昌一毛纺厂做生意,按合同规定,钱到以后厂方发货。其间,王蓓知道厂长接受了港商的请客,结果厂长决定,先把货发了。当时,王蓓也不能明说,只是再三提醒毛纺厂的厂长,一定要钱到了才能发货,货款切不可拖欠。王蓓曾尝过拖欠货款的滋味,深知"款到发货"的重要性。货款拖欠了,再要讨回来可就难了。

厂长心存侥幸,倒是王蓓替厂长担心起货款的支付问题,曾催促老板付款:"产品有质量问题我负责,但货款交付得按合同来。货既然先发到了,钱也该付给对方了。"

"你是老板,还是我是老板?"老板一脸怒色,怪她多管闲事,吃里扒外。

这次生意最终的结果是:新昌毛纺厂的100万元货款被一拖再拖,最后没了下文,厂长因此被免去了职务。当然,厂长怨不得王蓓,只能怪自己。王蓓心里也清楚,厂长虽然不会怪自己,但毕竟老板是她介绍的,心里终究有一个阴影,好像自己有愧疚一样。

不管生意成不成,朋友总归是朋友。不能因为一笔生意做不了,就另眼相看了。

古巴轻工部下属的公司有一个负责进出口贸易的业务员,与王蓓认识已有四五年了,彼此都了解对方。有一次,一个订单王蓓完全可以接的,但因涉及内幕交易,结果订单被其他公司抢走了。

"涉及违法乱纪的事,我是不做的。宁可不要订单,也不能害人害己。我也一再提醒儿子,如果对方提出过分的要求,坚决不做。"王蓓确实是一个守规矩的诚实人。这么多年来,在变幻莫测的商海中能一路稳步前行,靠的是什么,除了毅力,就是诚信、诚实的做人秉性。

记得有一年,这位业务员跟随服装部一行人来到中国。按惯例,古巴的贸易人员会住在古巴驻中国大使馆附近的宾馆,落脚后,通过邮件通知有贸易往来的中国公司的相关人员见面。王蓓当时也正在中国出差,接到邮件后,就赶往古巴采购人员落脚的北京矿业大厦。虽然一单生意不成,但王蓓还是把这位业务员当成朋友。王蓓来到她的房间时,看到房里其中的一张床上堆满了客户送来的东西,曾好意地提醒:"这么多的东西你怎么带回去,这样你会出事的。"

结果真的被王蓓言中了。这个业务员带了三大箱东西,一进海关,就被开箱检查,发现了不少问题,结果被处理,暂停工作回家等待。

作为多年的熟人,王蓓担心她出事,曾多次提醒过她,而这个业务员看到这么多好东西,真的舍不得,结果一一打包装箱,回国去了。

"那时,古巴一个月的工资才15—20美元,她哪有这么多钱买这些东西。"王蓓当然知道古巴工薪阶层的收入情况。

她虽然作为下属的进出口公司的资深业务员,每月收入比一般人员收入高一点,没必要也没能力一下子购买这么多的东西。

此事查清后,她失去了公职。

"王蓓,我该怎么办啊,能不能到你公司来工作?"事后,她前来向王蓓求助。

"我真的不是不想帮你,你也知道,如果用你,会给公司带来麻烦。"王蓓清楚古巴的政策,像她已经有污点的人,这辈子没法再做公职人员,她将被列入黑名单,如果其他公司聘用她,将影响该公司的声誉。所以,像她这样已经有污点的人,以后人生的路会不好走。

王蓓待人诚实,做生意诚信。宁肯倒贴,也决不违约。有一次,公司里有一个员工在古巴第一次接单,因计算有误,一个贸易额仅50万元的订单亏损了8万元。别看纺织品是一件简单的东西,有时光用上的辅料就有七八种,再加上七七八八规格,要算准确也是一件费脑子的事。随着古巴经济的更新,利润丰厚的时期再也不复返了。做这样的生意,光会计算是远远不够的,更需要经验的积累,要熟悉市场行情,还要知道每个环节的成本如何计算。遇上这样亏本买卖,有的公司就会出现违约的情况,但王蓓不是这样的人。既然有约在先,就得不折不扣地去做到。明知这一单肯定会亏本,但诚信比金钱更重要,贴钱的买卖也得做。

诚信是为人的基点,事业的支点,成功的起点,是人际交往的名片,立足市场的基石。成功的企业家无不以诚信立本。在生意场上,没有诚信,就难以有立足之地。

第十篇　商海风云

商海是变幻莫测的,前行中是否有旋涡暗礁,往往难以预料。一旦遭遇不测,重要的是能不能挺住,特别是碰上难以跨越的坎坷时,是否有足够的心理准备。困难遇到强者总会低头,遇上难题,就得寻找突破口。

TT付款

与古巴做贸易的过程是漫长的。通常情况下,与古巴贸易机构签订合同后,要上报银行,等待批文。等到银行的批文下来,要上报省级银行,什么时候审批下来没有确切时间,这一过程同样又是等待。省级银行审批下来后,最终还要上报至中央银行,这一环节又是等待。王蓓签订贸易合同后,等收到信用证,整个过程往往是半年,有的甚至需要一年的时间。如何才能加快贸易节奏呢? 此时,TT付款就应运而生了。

所谓TT付款,就是货到付款。可问题往往就出在支付货款上。这类合同是王蓓与古巴各贸易机构签订的,货物到了后,该支付的货款审批还没有下来。货到后,王蓓就可收到信用支票,但有一至两个月的展期。可是到期后去银行兑现,吃了退票的话,期票就成了"空头支票"。

王蓓作为供货方,贸易双方一旦签下合同,就开始落实生产单位组织生产。那时,她与其他贸易公司一样,采用了TT付款方式。贸易的节奏上去了,但随之而来的问题就是货到之后,钱到不了。如此两年下来,王蓓与古巴方面做TT付款贸易业务,结果被拖欠了300万美元。

在初创时期,王蓓虽然做了不少贸易业务,但手头上根本看不到钱。当年香港卖房的钱贴在里面,还得想办法筹集其余的流动资金。每一笔订单,只要厂方一发货,凭发货凭证,王蓓就得向厂方汇上货款,这也是合同上明确规定的。

王蓓的业务在不断扩大,需要一定的流动资金,才能保证贸易的顺利进行。而那时她的300万美元货款被拖欠了,贸易启动受到严重制约。那时,王蓓经营规模还远远达不到如今的水平。当时人民币与美元的汇率是8.25∶1,加上17%的退税这一块,300万美元资金,差不多就相当于3000万元人民币。当时,王蓓贸易业务就被一笔大额欠款严重拖累。

生产一头的钱在哗哗地流出,而订货一头的钱却迟迟不见踪影。

出现这一状况是在2003年那一年,也是王蓓的独生儿子蒋岳去古巴的第二个年头。作者在与蒋岳交谈的时候,他曾把这一境况说成是一次严重的危机,能不能跨过这个坎,关系到是否能够继续在古巴创业。

"那时,我看到母亲在暗暗地流泪。"蒋岳说。

王蓓是一个内心刚强的女人,与她交谈的时候,从来没有谈及因大额欠款、经营严重受阻而伤心流泪的事。

"300万美元欠款这件事,曾是你创业初期遇到的一次大的危机。你儿子说你当时曾为此哭过?"

面对作者直截了当的提问,王蓓脸上掠过一丝轻微的笑容,承认隐瞒了这一事实。

"白天到单位里找厂长,找不到人,我只能每天晚上打厂长家里的电话,找5个厂长要钱,一个又一个地打,但听到的总是'人不在家'。你说,气不气人!"王蓓说。因厂长不按时付款是要承担责任的,厂长像是故意在回避王蓓,能拖就再拖一段时间,不拖能有什么办法?

　　每发一次货物,王蓓必须向国内供应商打一次款。自己先垫付的钱,一笔又一笔地流了出去,货物到了古巴,却迟迟不见汇票到账。这样下去,怎么经营下去? 当时,王蓓虽然已经赚到了一些钱,但家底不厚。面对如此境况,她真的被气哭了。

　　幸好,古巴政府获悉这一情况后,由财政部下发了一份文件,规定所有的贸易单位必须在1年内还清所有的债务,按计划逐月还债。如果没有按计划还清债务,厂长就地免职。就这样,一年过去后,王蓓的300万美元的货款终于全部回到了账上。因TT付款所造成货款拖欠的事发生后,轻工部负责财务的副部长因监管不力,被免去了职务。

清点缺货

　　"数量不足,总共少了40包。"古巴储存仓库的工作人员告知王蓓。

　　听到这一情况,王蓓心里吃了一惊,货怎么会缺这么多? 12个柜的拖地布运到古巴的储存仓库,货物是一个柜一个柜清点的,怎么会出现这种事? 以前可从来没有发生过。

　　古巴验货人员说,第三个柜发现货物少了20包,后来又发现其中一个柜又少了20包。

　　当时,王蓓、蒋岳、外甥女邬芳华都去了仓库,点货的时候,王蓓和蒋岳去了开发区办公室,只有外甥女在点货现场。

　　邬芳华不算是新手,在古巴帮助嬷嬷打理贸易业务也有段时间了。她知道,通常情况,发货数量不足时有发生,但出现大量少货的情况就不正常了。这批次进的是拖地布,每个柜有310包,每包有400片,现在其中的两个柜各少了20包,算起来总共少了16000片拖地布,按当时古巴的市场价计算,每片价格相当于1美元,总共就少发1.6万美元的货物。

　　面对棘手的事,还得王蓓自己来解决。她心里嘀咕着:少这么多不太可能,估计仓库有关人员在做小动作。

柜内的货物每一包都是有编号的,如果真的一包一包清点起来,肯定能查出原因。在查找原因的时候,王蓓看到隔壁仓库一个角落里堆放着几十包包装看上去是一模一样的拖地布。

"你们这里是否还有其他地方进来的拖地布?"王蓓问仓库管理人员。

"没有。"对方倒是如实回答。

"那隔壁堆放的那些拖地布是怎么回事?"王蓓问仓库管理人员。

此时,对方无言以对了。

仓库管理人员知道王蓓在古巴人脉较广,如果真的按编号重新一件件对起来,结果肯定不言自明了。

少货的情况也不是一次两次,如何处理看具体情况了。有一次,皮鞋到货,有4个古巴人验货,结果少了27双。

遇到数量小价值不大的,王蓓就会很干脆地说:"下次来货补上吧。"

在古巴进货到仓库,是有严格的规章制度的,里面的货物是不可以随便拿出去的。如果遇上供应商送的礼物,当然打了招呼后可以拿回家,不影响库存数量。

王蓓是深懂人情世故的,少了货物,真要追查,当然能查得出原因,但人总是要讲情面的,做什么事都不能太较真,不要过于计较。

当然也有货多的时候。有一次,35箱童鞋验货时多出了12双。礼轻情义在,王蓓就当作礼物相送了。

合同违约

合同签了,说好信用证12月份开出,可等了一月又一月,信用证还是无影无踪。生产单位一个电话接着一个电话地诉苦说,100万米的床单布生产好以后,却迟迟等不来发货的通知,已经快一年了。面对如此情况,王蓓心里有一种被虫咬般的难受。这样的情况虽然十分罕见,但还是倒霉过两次。

　　古巴的贸易都是有计划的,每年的合同都是前一年的9月份签订的。贸易公司一般要等到古巴信用证到了,才开始组织生产,怕出现风险。王蓓往往与众不同,一旦合同签下来了,就开始与生产单位联系,组织生产了。王蓓要的是效率,当然,效率上去了,风险自然也来了。

　　这次被违约的恰恰是一个大单:100万米的床单布。这样的事情以前还从没碰到过,王蓓甚感意外。后来才知问题出在了古巴业务员身上,因为收取了别家供货方的好处费,他把与王蓓签订的合同当成了儿戏。拿了人家的好处,当然嘴软了。等到第二年,一年付款变成即期付款,业务员也不通知王蓓找其他公司了。可这么多布料存着,不仅占地方,也困住了资金。后来王蓓不得不通过各种渠道进行削价变卖。

　　在古巴,王蓓结识了众多朋友,后来她通过朋友知道了这件事,很是气愤。在古巴做贸易,就要提防此类事情的发生。

第十一篇　叶脉在长

多个朋友多一条路。做人诚实,会有好人相助。接力相助,让社会更和谐,让生意更顺畅。乐于助人是美德,中国有之,国外也有之,朋友的网络是在"助"字穿梭下编织而成的。以心换心,诚实相待,好心总会有好报。

走访各部

与朋友交往,时常会谈起人脉的话题。人与人之间相识相处,建立友谊关系,犹如树枝上的叶子,随着树叶慢慢长大,叶子上的脉络会不断地扩展。

王蓓在古巴创业最艰难的时期,她有幸结识了一个人。这个人就是身居高位的古中友好交往委员会主席毛易斯·肖王。他年轻的时候,曾跟随菲德尔·卡斯特罗,一个坚定的革命者。让王蓓惊喜的是,他居然与中国人有着血缘关系。肖王的父亲是侨居古巴的中国人,母亲是古巴人。如果不看他身上穿的将军服,光看相貌,与中国人没什么两样。王蓓说,在古巴,有三位中国人血统的将军,肖王是其中的一位。接触次数多了,你就会觉得,他在性格上也很像中国人。

当时,王蓓去肖王的办公地看望他,将军一时兴起,愉快地与她一起拍了照,留下了令人难忘的纪念。

2003年,王蓓与毛易斯·肖王合影

毛易斯·肖王几乎每年都要前往中国,平常与中国人接触较多,对中国十分了解。他从小在古巴长大,虽长了中国人的模样,但只会说简单的中文,比如碰到王蓓会说"你好"。王蓓每次提起他的时候,习惯尊称他为"中古主席"。

在古巴,等级观念十分淡薄,身居高位的人没有官架子,是很平易近人的。平时如果有事找某某部长,只要部长有空,在门卫登记,经得同意,就可以上去了。

"你是怎么认识'中古主席'的?"作者提问。

"是我的翻译引见的。"王蓓回答很直接。

王蓓聘请的翻译曾跟过一位中国郑州的商人一段时间,这位郑州商人精通英语。英语在古巴算是第二语言,后来郑州商人把翻译介绍给王蓓了。

记得那时是 1998 年下半年,是王蓓来到古巴的第二个年头,虽然已经谈不上人生地不熟的,但西班牙语还没学好,以前学过的高中英语,在国际贸易中根本派不上用场。再说这么多年没用,已经记不得多少了,只有在学西语的时候,英语基础还用得上。贸易交谈自然离不开翻译,这笔费用想省也省不了。

在古巴聘用翻译是按天计算的,每天 15 美元。如果哪天有事用翻译,需要事先预约。古巴人做翻译这一行,不愿意每天上班做固定的工作、按月领取工资,他们更乐意做相对灵活的工作。

翻译叫依沙贝尔,是地道的古巴人,曾在中国留过学,但中文讲得不怎么样。王蓓说,她的翻译准确率在百分之六七十。后来,王蓓会说西语后,贸易商谈虽然仍免不了翻译,但因翻译的功底不够扎实,有时会造成一些误会,所以谈到关键的时候,比如产品的定价、颜色等,王蓓直接自己来,以免造成误解,产生不必要的麻烦。有时,古巴商人会当着翻译的面说:"你这个翻译,还是你老板说得清楚。"从话中听出,也许是半开玩笑半当真了。

"依沙贝尔,你是否认识职位高的人?"王蓓抱着一丝希望问翻译。

"有啊,古中友好委员会主席。他叫毛易斯·肖王。"依沙贝尔的回答让王蓓顿时眼睛一亮。

说起依沙贝尔怎么认识肖王的,她说:"他的家就住在我家的对面,中间只是隔了一条街。"

依沙贝尔的家境不一般,她的丈夫曾任古巴驻中国大使馆武官,2013 年至 2015 年,依沙贝尔随丈夫在北京生活,如今又回国工作。

当时,王蓓正处于最困难的时期,也遇到了人生当中最大挫折之后的又一个坎。那个时候,王蓓虽然情绪是低落的,但内心里却充满着强烈的创业欲望。梦想与现实正发生着强烈的冲撞。

面对到处充满商机的古巴市场,难道真的就这样灰溜溜、一事无成地回国? 既然来了,不管前景会怎样,只要有机会,就得搏一搏! 如果现在选择放弃,以后就再也不会有这样的机会了。

王蓓的性格是倔强的，自己看准的事不会轻易放弃。

"我可以陪你去见主席，他非常平易近人，很健谈，也乐于助人。"依沙贝尔答应王蓓引见毛易斯·肖王。

在依沙贝尔的陪同下，王蓓见到了毛易斯·肖王。

从照片上看，毛易斯·肖王很和蔼，面带微笑，说话时同样很亲切。通过依沙贝尔介绍，毛易斯·肖王得知王蓓处境十分艰难，以非常平稳的语气勉励她："姑娘，不要怕，困难总是可以克服的。语言不通没关系，有翻译。我有空的时候，陪你到各部走一走，给你认识一些人。"

毛易斯·肖王的一席话，着实让王蓓深深地感动了一阵子，心里热乎乎的。在随后的一段时间里，毛易斯·肖王陪着王蓓走访了轻工部、卫生部、教育部等国家部门，让王蓓认识了不少部级领导。

"这个姑娘是中国人，这是她的翻译，以后你们有什么需求，可以找她。她人很诚实。"

王蓓刚与肖王将军认识时，将军喜欢以"姑娘"称呼王蓓，后来接触多了，就直呼王蓓的名字。王蓓见到将军时，习惯直呼一个字"王"。

古巴人之间习惯直呼其名，包括对最高领导人。如菲德尔·卡斯特罗，人们只称"菲德尔"。这根本没有不敬的意思。他们没有称职衔、学衔、军衔的习惯，"同志"称呼普遍，不论百姓、官员，均以"同志"相称。

在古巴，"先生""夫人"只是一种礼节性称呼，对内只对年长者使用。对外，如对资本主义国家的外交官，一般也称"先生"。若在对内场合称呼别人"先生"，多半是在向对方表示不满意、不耐烦、不认同。

王蓓在古巴慢慢地习惯入乡随俗了。将军听到王蓓喊他"王"，就知道与他在打招呼。随着交往的增多，两人成了一对忘年交。

"王蓓，晚上来我家吃饭。"

偶尔，王蓓会接到将军的邀请。

后来，古巴的通信条件好了起来，王蓓也用上了手机。有时王蓓回国时间较长，一返回古巴，就习惯与将军打个电话。

"王蓓，你回来了，回来了。"在电话里，王蓓能听出肖王将军有一段时间没见到她，在想念她了。

有一次，王蓓去办公地看望肖王将军，快到中午的时候，肖王突然冒出来一句：

"王蓓，我们一起去劳尔那里吃中饭，怎样？"

王蓓愣了一下，对将军的这次邀请感到十分意外。

从2006年下半年开始，古巴领导人菲德尔·卡斯特罗不再在公众场合露面，外界猜测，菲德尔年事已高，可能是身体抱恙。他的弟弟劳尔·卡斯特罗临时接替他的位置。2008年2月，经古巴全国人民政权代表大会通过，劳尔正式成为古巴新的国家最高领导人。

毛易斯·肖王突然邀请王蓓去古巴现任的最高领导人那里吃饭，着实让她感到惊讶。

王蓓是地地道道、规规矩矩的生意人，生意场上不想与政治有过多的掺和。她担心以后的国际贸易染上色彩，生意中掺进复杂的因素。

王蓓自认为，做生意就是做生意，在古巴这些年，王蓓认识了不少高层人士，但一直没有涉及古巴的政治圈。

王蓓扳着手指头算了古巴政治圈里的大人物，与其中的一位大人物见过面，并且还合过影。这位大人物就是时任古巴经济改革委员会副主席里介乌利塞。

王蓓称里介乌利塞为部长的部长。古巴负责对外经贸的各个部门，都是在他的管辖范围内的。

平时，王蓓很少谈及政治，生意上也尽量远离政治。但管着贸易各部的部长，王蓓肯定是避免不了接触的。

有人做生意，会尽量与权威人士攀关系，可王蓓不这样想。

"生意人还是尽量不涉及政治的好。再说，美国对古巴的核心人物盯得紧紧的，还是不涉及为好。"王蓓当时有这样那样的顾虑。因此，她婉拒了毛易斯·肖王的热情邀请。

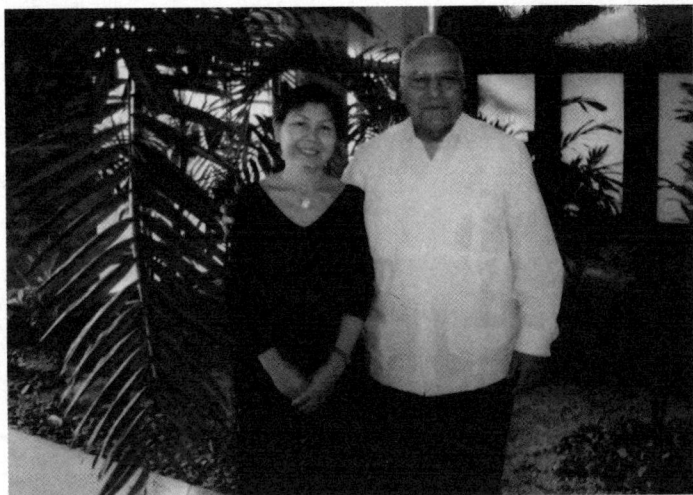

王蓓与里介乌利塞合影

这是王蓓在生意场上的一种理念，也许是她特有的。

类似的事情还有。那是王蓓遇见菲德尔·卡斯特罗第四个儿子的事。

解救订单

王蓓远涉重洋，在古巴闯荡20年，在国际贸易的交往过程中，结识了不少古巴朋友。在这些朋友圈中，有的还身居要职。比如现任交通部长，王蓓习惯叫他阿旦尔。在日常的贸易交往中，王蓓与阿旦尔建立了深厚的工作友谊。

2005年，阿旦尔还是军工部主管贸易的中层干部，王蓓通过平时工作接触，慢慢地与阿旦尔熟悉起来，遇到贸易的问题，都能畅开来交谈。几年以后，阿旦尔被提升为财政部副部长，后又被重用，担任了财政部部长，如今坐上了交通部的第一把交椅。

国与国交往有脉络关系，人与人交往同样有脉络关系。一个人在困难交结的时候编织而成的脉络，最让人难以忘怀。

王蓓清楚地记得一件事。那时,阿旦尔还在军工部任职。根据计划,古巴需要采购一批重型设备和车辆,包括吊机、挖掘机、卡车等,采购物资价值约3000万美元,信用证展期1年半。因这次采购价值较大,阿旦尔亲自来到中国。本来,南通一家公司说好可承接这笔贸易业务,待到阿旦尔快回国的前三天,突然接到通知,该公司实在没法解决资金问题,最后只能选择放弃。谈得好好的,对方却一下子变卦了,这下可急坏了阿旦尔。他负责这次重大采购任务,是下了"军令状"的,必须按计划完成。怎么办呢?他在中国人生地不熟的。关键时刻,阿旦尔很自然地想到熟悉的中国朋友王蓓。

"王蓓啊,我遇到了大麻烦。如果任务不完成,回去是会被撤职的。你赶快帮我想想办法吧。"阿旦尔在电话里一五一十地把具体的情况说了一遍。

王蓓是个热心肠,好朋友遇上难题,就得尽力相助。与王蓓相处时间久了,你会发现,她平时脸上少有表情,但内心却充满着热情,对待朋友更是如此。她是一个外冷内热的人。

南通的公司因资金不足,接不了这个大单。王蓓知道了阿旦尔现在心急火燎,随即打起了电话。经过一番努力,王蓓终于联系到了福建省一家有意向接手的单位。她毕竟曾在国内从事过多年的贸易业务,人脉广泛。

因贸易额有点大,这家公司也是因资金不足,无法单独承接,于是寻找了一个合作公司,最终联手把这笔业务签了下来。

阿旦尔在军工部因主管国际贸易,平时与王蓓交往颇多。这次他遇上难题,王蓓帮他解了围,他自然加深了对她的了解和印象,更加了解了她在中国这个国度里,是一个兜得转的"老江湖"。

王蓓在古巴的人脉关系,是在贸易交往中逐步建立起来的,也是在彼此帮助中慢慢地建立了工作友谊关系。

阿旦尔随着职务的升迁,自然也忘不了王蓓这个人。他知道王蓓是个诚实守信的人,做国际贸易规规矩矩,是靠得住的合作者。他做交通部长时,如果一段时间,很少看到王蓓接的单子就会问主管采购的人:"现在王蓓的单子这么少,怎么回事?"

彼此的友谊,往往是在互相帮助中慢慢地加深的。当然,这种友谊是建立在正常的工作关系之上的。

"我生平最高兴的,就是我答应帮助人家去做的事,自己不仅完成了,而且比他们要求的做得更好。当完成这些信诺时,那种兴奋的感觉是难以形容的……"

王蓓从宁波奉化去的香港,曾在香港做过国际贸易的功课。李嘉诚是在香港闯荡成功的商人,他说过的话,王蓓是更加放在心上。在日常贸易交往中,只要有人求助,她总是乐意相助的。

穿针引线

乐于助人是中国人的传统美德。王蓓心肠热,在日常繁忙的国际贸易中,只要有人求助,不管是熟悉的朋友,还是平时接触不多的人,都乐意伸出一臂之力。

2006年,古巴军工部下发采购计划,决定从中国采购120万只高压锅,任务落到下属贸易部门。负责采购的跟单业务员与王蓓虽然认识,但平时接触不多。就是那一年,这位业务员来到中国后,就遇到了难题。因数量大,时间紧,没有寻找到接单的中国公司。

当时,王蓓资金不足,是无力承接这样的大订单,再说要半年之内全部交货,更怕发生违约,影响自己的声誉。

王蓓非常看重贸易信誉。

此前,王蓓已不止一次帮助古巴贸易机构解决遇上的难题,这次古巴方面自然又想到了王蓓。

只要古巴方面求助,王蓓就会尽力而为。一说起高压锅,王蓓自然想到"双喜"牌,那时"双喜"牌子响,全国家喻户晓。王蓓与上海高压锅厂联系后,对方明确答复,订单太大了,没办法半年内全部交货。后再与沈阳高压锅厂联系,答复也是一样。难道真的没有单位承接这个订单?

有困难总得想办法解决。针对面临的问题,难道真的解决不了?

王蓓想到了一家过去交往过的客户——福建华侨国际贸易公司,她知道这家公司有实力,平时联系的厂家也多,点子也多,不妨联系一下。

王蓓与福建华侨公司经过一番商量之后,果然有了结果。订单量大,启用资金不足,可以寻找其他公司分担,上海、沈阳厂家一时产量不足,可以寻找有资质的厂家合作,进行贴牌生产,只要质量符合要求就行。通过王蓓牵线搭桥,古巴这一"烫手"的订单终于落地了。

"那时候,在古巴做贸易的机会多。"王蓓十分清楚古巴的贸易市场状况。只是古巴实行的是完全计划经济,全国性配给,有的订单采购量大得惊人,让你吃也吃不下,不少贸易公司往往没有充足的资金来接单。

2005年之前,能拿到的信用证不是即期的,展期也不会超过6个月,虽然可以通过银行的贷款解决资金问题,但有时也存在办理银行贷款时间来不及的情况。到了2010年,古巴方面开出的信用证的时间延长到1年,这样就无法去银行申请贷款了。2015年的时候,展期的时间更长了,有2年期的。

与古巴做贸易,一般公司面临的有两大难题:一是资金流不够大,无力承接;二是怕资金被套,出不来。

王蓓通过毛易斯·肖王认识了一位"娘家"人——中国驻古巴大使馆的武官,一来二往,彼此熟悉了。有时,武官会邀请王蓓到驻地做客,王蓓会和武官的妻子一起包饺子。

有一次,武官出于个人角度,轻言轻语地提醒王蓓:

"王蓓啊,你在古巴做贸易也不容易,困难随时会遇到。如果你需要进出各部,用我的车,就不用登记。但与古巴做生意,你可要小心,古巴没钱呢。"

正因为古巴外汇紧缺,古巴方面一些展期长的大单往往无人敢接。赖账倒是不会,毕竟事关一个国家声誉,怕就怕古巴经济状况不佳,大量的资金被套住。

再说高压锅的事。王蓓既帮助了古巴方面落了单,其实也给福建华侨公司及其合作人赢得了利润。

"这笔生意最少有5000万元的利润,如果现在遇上,我也能做。"

王蓓的牵线搭桥,结果是双赢。

古巴与中国的贸易之中,王蓓起着一个桥梁的作用,在相互帮衬中,发展着正常的工作友谊。随着一年又一年的过去,王蓓在古巴编织起越来越大的人脉网络,助推她的事业发展。

一次偶遇

1999年,一个天高云淡的日子。

哈瓦那横坑前开发区四周,遍布热带植物,道路两旁高耸着古巴国树。

古巴国树叫王棕,又名大王椰子、古巴葵,为棕榈科王棕属的常绿乔木。株高达到近20米、直径约1米。但如此高大的王棕不多见,高度以10米左右、直径约40厘米的最为常见。王棕树形独特美观,两头细,中

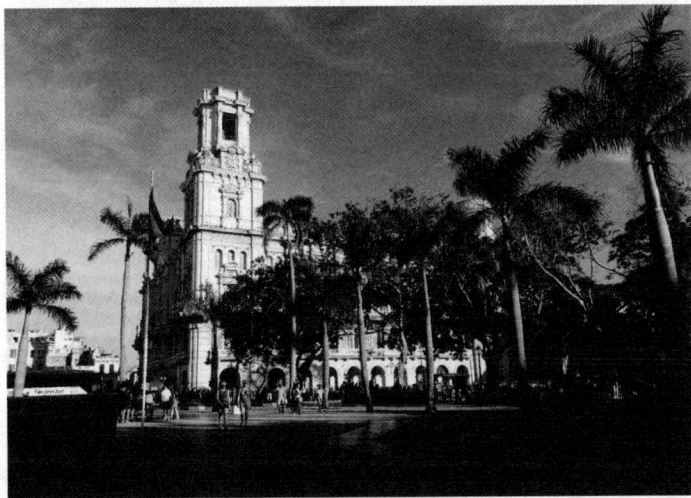

古巴的国树王棕

间粗,基部又膨大,像花瓶,如导弹,又似西双版纳傣族的象脚鼓。王棕以奇异的纺锤状高大树干和超凡脱俗的气度,在棕榈植物中脱颖而出,被人们誉为"白马王子"。它原产于美洲热带地区,是热带地区的典型树种,也是热带秀丽风光的代表。

王蓓在横坑前开发区办公地四周都能见到耸立的古巴国树。在古巴买房子之前,王蓓曾在此地办公。她在开发区的办公地有近1000平方米,属平房结构。这里曾是军队的仓库,后经过改造,作为开发区的办公用房。在这一区域里,有很多这样的平房。在办公地里,王蓓把大部分区域当作仓库,用以保存贸易物资。

王蓓聘请了一个名叫伊丽丝的当地人做秘书,她曾在海关工作。通常情况,伊丽丝早上8点会准时来到这里,接听电话,处理日常的文书之类的工作。像伊丽丝那样,大学毕业后就职于外商企业的古巴人不少,因为待遇比国内单位高很多。所以能在外商企业就职是很多古巴年轻人所追求的目标。

说起古巴人为何热衷于到外资企业工作,主要原因是待遇比国内单位高得多。像伊丽丝做王蓓的秘书,每个月的工资就是500美元,但按照规定,大部分是要上缴的。而在古巴国内单位工作,一般一个月工资只有15—20美元。官方数据显示,2016年古巴人的人均月薪已经提高至29.6美元。在古巴,不论你是谁,每月收入差距不大。王蓓曾问过现任的交通部长阿旦尔,从副部长升任部长后,每月的工资从25美元增长到了28美元,就连菲德尔的工资也不高,每月也只有六七十美元而已。

快到吃中午饭的辰光,王蓓才匆匆地赶到办公地。从哈瓦那的老城区到横坑前开发区,虽然路途不算太远,但乘公交车需要三次转车,两三个小时就在等车、换乘之间消耗掉了。

当走进办公室的时候,王蓓看到一个40多岁的男士与秘书不知在谈些什么,王蓓不好意思上前去插话,但当走近一照面时,她突然觉得很好奇,心里暗暗地思忖着:"太像了!实在是太像了!太像菲德尔·卡斯特罗了。"

大约快到吃中饭时，这位男士走了。王蓓问秘书："这个人太像菲德尔了。"

"本来就是啊。他是菲德尔第四个儿子。"

"真是啊！"王蓓好奇心一下子得到了释放。

"你怎么会认识他？"王蓓觉得不可思议。

"我在哈瓦那大学读书的时候，与他的女朋友是同学。"

菲德尔·卡斯特罗结过两次婚，共有9个子女，除了大儿子曾做过政府公职外，其他子女都没有在古巴担任公职。对外界来说，菲德尔的家庭生活十分神秘，除了一直辅佐他的弟弟劳尔，很少能听到关于他妻子、儿女的私事，他的子女生活十分低调。

事实上，菲德尔的感情世界是五彩斑斓的，在90年人生岁月中，他同妻子、恋人、孩子之间发生过许多鲜为人知的故事。在政治舞台上，菲德尔绝口不谈家庭生活，也不允许媒体公开宣传。有人认为至少有两方面的原因，一是他反对个人崇拜，不愿将政治与生活扯上关系；二是出于安全的考虑。40多年来，美国中情局和盘踞在迈阿密的古巴流亡分子曾数百次策划暗杀菲德尔，虽然都被他奇迹般地一一躲过，但他显然不愿让家人也去冒险。因此，最好的方式是低调。他的第一任妻子达莉亚生了5个儿子，都从事着平凡的工作。与王蓓秘书伊丽丝交谈的就是达莉亚所生的第四个儿子阿莱克西斯。

过了一段时间，阿莱克西斯又来找伊丽丝谈心。等他走了之后，伊丽丝对王蓓说："他想到你的公司来工作，你看看有什么可以让他做的？"

王蓓做生意向来忌讳与政治相关的人扯上关系，但要完全避免与政治有关的人士打交道也是不现实的。

"他是国家领导人的儿子，这可大材小用了。再说我也雇用不起。"王蓓心存顾虑，在找各种借口婉拒。

近几年来，古巴迈开经济更新的步子，国民收入随之提高，但增长的幅度不大。

没过几天，阿莱克西斯又来找伊丽丝。这是他第三次来到王蓓的开发区办公地。伊丽丝向他转达了王蓓的意思,而王蓓一直在刻意避免与他交流,照面的时候,只是礼节性地简单打个招呼。也许是王蓓未能让阿莱克西斯如愿,此后,王蓓再也没看到过他。

拜访总裁

做贸易就像谈恋爱。中国人会打比喻,把做生意看成双方在谈恋爱。其实,外国人也同样有这样的理解。生意成不成,能否保持长期的合作关系,就看一方对另一方是否有感觉。首先彼此通过交谈了解对方,以后能否一直走下去,就要看双方彼此是否有好感。有了感觉,彼此之间就有了维系的东西。这是双方能继续走下去的首要条件。生意场上无不如此。

在古巴做国际贸易业务,首先重要的一个环节就是拜访各大商场的总裁。认识了总裁,才能知道他们平时需要什么东西,计划下什么订单。可以这样说,在古巴做生意,认识了商场的总裁,就能了解古巴贸易的最新情况。

古巴全国主要有四大商场:西美克斯商场、TRD商场、内贸部商场和旅游部商场。其中内贸部商场被称为老百姓商场,商场内陈列的商品都是用比索标价,其余三大商场的标价都是CUC,特别是西美克斯和TRD这两大商场,在古巴的商业中占据着重要地位。

在古巴要站住脚跟,就要让这些商场的总裁知道你的存在,所以得花时间去拜访这些商场的总裁。

古巴人对待中国人态度是友好的。一般情况,只要与商场总裁约个时间,就会安排好工作与你见面,不像去部级政府部门那样需要预约登记。

问起王蓓在古巴这么多年,与谁的关系最为密切。"没有这样的说法。"王蓓随即做了否定。平时接触,双方都是从工作的角度出发的。只是平时交往多了,印象较深一点而已。比如说西美克斯商场总裁爱克多、TRD商场总裁阿雷克斯,随着贸易交往的增多,王蓓与这两位商场总裁接触相对多一点。说实话,虽然都是为了工作,但交往多了,自然会增强亲近感,各自的性格脾气都熟悉了。一个人的为人会慢慢地给对方留下越来越深的印象。特别是主管贸易的负责人,对你是否留下了好印象,这一点很重要。

王蓓1997年去古巴创业,从一无所有,到小有成就,最后事业有成,这样的结果,是在艰苦的环境中一步一步地打拼出来的。不论是古巴的普通贸易业务员,给商场提供加工产品的工厂厂长,还是商场总裁,甚至是政府部门的部长,都知道她的艰难历程。她的奋斗精神,确确实实打动了熟悉她的人。双方见面时,对方有时会说"奋斗者,来了"。当着她的面,会翘翘大拇指。在贸易业务上有交往的几位部长也很敬重她的为人。

王蓓去古巴主打的是纺织品,因此与现任的轻工部长特罗培蒂国接触较多。两人刚认识的时候,他还只是一个厂长,后来当上了轻工部服装部总裁,最后升为部长。

"生活好吗,家里怎么样,今年做了多少,有什么困难没有?"轻工部长遇到王蓓的时候,会说些问候的话。与古巴高层交流的时候,气氛都是庄重的,但彼此熟悉后,氛围就会放松多了。

"青霄有路终须上,

王蓓与特罗培蒂国合影

宇宙无闻誓不休。"在漫长的人生之路上，能影响到人的人是强者。

从创业初期拜访各大商场总裁开始，王蓓一路走来，从相识到相知，在古巴已经走过了20个年头。同样，古巴从事贸易相关的各个部门的人，对王蓓的为人，也从了解到熟悉，深深地被她诚实、守信和拼搏精神所打动，上上下下都愿意和她交朋友。

这是2005年王蓓在军工部部长露易斯·阿培尔的办公室同他拍的合影。

右一为露易斯·阿培尔

露易斯·阿培尔是带有核心政治背景的高层官员，他是古巴现任领导人劳尔·卡斯特罗的大女婿，掌控着全国TRD商场的经营业务。

与商场总裁打交道，做贸易，很自然避免不了与主管总裁的领导接触。王蓓认识阿培尔，是通过阿雷克斯介绍的。阿雷克斯主管着全国TRD商场，平时随时要向他的主管领导阿培尔汇报工作。王蓓虽然忌讳与政治关联的人物接触，但与贸易上的主管领导接触是回避不了的。

平时，王蓓穿着是很随意的，但在一些正式场合是很注重礼仪的。古巴人在上班的时候，都身着统一的工作服，男的衬衣加长裤，女的衬衣加裙子,整洁又整齐。一般说来,古巴的男人比女人穿着更严整、更规范一点。特别是在正式的场合,男人多数穿西服,其颜色依据节令或场合会有不同。

王蓓前去拜访,特别是拜见各部的部长,天热的时候会穿上漂亮的裙子,如天气凉爽,会穿得体的西服。初次见面的时候,一般总是握个手,彼此熟悉了之后,有时会来个拥抱。

与古巴人交往多了,你就会感觉到这个国度的人诚实友善,即使初次见面,也会主动问候,谈得投机,会当场邀请客人到家中做客,态度很是热情。

第十二篇　鹤顶朱圆

树终于长大了,叶脉也舒展开了,该到了结出硕果的时候了。一条小船在大海中破浪多么不易,随时都有被颠覆的危险,如今终于能靠上坚固的海岸。大海航行仍将继续,新的天地尚需开辟,漫漫的路还将走下去。

第一桶金

蒋岳去古巴之前,王蓓在古巴已经单打独斗5年多了。最初与哈尔滨供销社合作时,除了合同签订由该公司驻古巴办事处代表何法强负责之外,贸易跟单中各个环节的大量工作都是由王蓓一个人来做的。光是古巴到中国一个来回就得花上整整4天的时间,为省下几千元的费用,她得选择转机的线路。旅途之中,转机等候,至少十几个小时。单趟的飞行时间前后相加需要15个小时以上,若是在荷兰转机,飞行时间则超过18个小时,飞行距离超过1万千米。漫漫旅途中的劳顿只有王蓓自己知道。

在古巴创业的前几个年头,王蓓已经记不清在莫斯科机场度过多少个夜晚。每当夜深人静之时,王蓓独自一人在候机厅等候,有时困得眼皮直打架,她就拉上行李箱,寻找一个方便的地方,随地铺上一块布,躺下睡一会。

"实在太困了,没办法啊。"王蓓早已是莫斯科机场的熟客了。为了落实样品及货源,她从古巴到中国万里奔波,多的时候一年就得10次,如此每个月差不多都要来回跑。

她从小是在吃苦中长大的,旅途虽然艰辛,但与以前的苦难比起来算不上什么。

在中学时期,王蓓曾说过:"我要比别人吃得好一点,穿得漂亮一点,就得比别人多吃一点苦。"这是她人生中最早的梦想。这个梦想从学生口中说出,是那么的实在,是那么的朴素。那时的王蓓只懂得,日子要比别人过得好,就得比别人付出更多。

如何才能实现自己的梦想?唯有通过自身的努力奋斗。王蓓是个刚强的女人,这一点,连后来熟悉她的古巴人都深有体会。难怪古巴人看到王蓓来了会随口叫她"Esfveyzo(中文意思:奋斗者)"。王蓓认准的事,是不会轻易放弃的。

古巴初期的合作,给王蓓带来了人生中最大的一次挫折。当机遇来临时,又激发起她奋斗的欲望。她坚信,只要不放弃拼搏,自己的梦想一定会变成现实。虽然遭遇了重大挫折,但她选择了东山再起,又找到了合作者江西机械进出口公司,终于柳暗花明,重新走上一条通往梦想的道路。尽管征途之中仍会出现一个又一个障碍,阻挡她前行,但在强人面前低头的往往是困难。

做了江西机械进出口公司贸易代表之后,王蓓有了贸易的主导权。但随后她又经历了一次大的坎坷——因TT付款所带来的巨额欠款,严重拖累了王蓓的正常经营。过了这个坎之后,王蓓的贸易业务终于有了稳步的发展。这里,当然也离不开儿子蒋岳的鼎力相助。蒋岳在宁波大学读完金融专业之后,被母亲以出来看看风景的名义"骗"到了古巴,看到古巴的生活条件这么艰苦,他曾产生回国的念头。但看到母亲在这样艰苦的环境下仍在坚守,蒋岳不忍心离开母亲去追求自己的安逸,他也被母亲的拼搏精神所打动,决定与母亲一起同甘共苦。一年辛勤的西语学习结束后,蒋岳在哈瓦那大学攻读硕士学位,也有时间做母亲的帮手了。

2007年,王蓓有了自己的公司宁波丘盛服饰有限公司。在这之前,她都是以别人公司的名义在做国际贸易。王蓓前后做了10年的代理业务,合作的公司就有十几家,总共成交的贸易业务有五六亿美元。可谁会知道,这五六亿美元的订单中,不知有多少个单子组合而成的,如果问王蓓,至少也得算上一整天。按合作协议,王蓓该拿到600万美元的佣金,但后来因种种原因,她到手的只有300万美元。为此,王蓓和后来去古巴的儿子付出了大量的心血,王蓓差点还耗掉自己近千万元的家产及借款。

这300万美元实在是来得太不容易了。为了这300万美元,王蓓不知吃了多少苦,流了多少汗。整整10年的奔波,都不知已经绕着地球飞行了多少圈。中国古巴一个来回,至少有2万多千米。这10年来,不知跑了多少个来回,这人生的"第一桶金"实在是姗姗来迟。

该放手了

半个多世纪以来,古巴一直实行计划经济。2011年以后,古巴开始推行一系列经济更新的政策,经济发展水平有了一定的提升。2013年11月,古巴开辟了肩负经济"发动机"重任的首个经济特区马里安特区,但时间已过去3年多,似乎仍看不出大的动静。古巴人说,早在20世纪90年代初期,古巴就开始改革,现在古巴经济不需要改革但需要更新。

古巴的独特经济模式,不仅反映在国际贸易中的与众不同中,也反映在古巴人从事的具体事务中的观念和习惯中。

一年年过去了,王蓓在古巴积累了广泛的人脉资源,与各大工厂、商场建立了业务联系,一些老客户都习惯了与她进行贸易往来。特别是古巴人下大订单,都习惯与靠得住的熟人做。

2007年,王蓓回老家投资开办宁波丘盛服饰有限公司。翌年,又投资创立了贝亚时代(宁波)国际贸易有限公司。有了自己的公司之后,王蓓贸易业务有了新的拓展,国际贸易业务更加繁忙。从那时起,蒋岳有了自己的发展思路,也萌生出团队的打造方案。

之前,王蓓是一人打天下,现在儿子来了,需要一个同心协力的团队。但说起儿子组建的团队,王蓓却不怎么看重。

"古巴人下订单,特别是一些大订单,都习惯认人。熟悉的,他们才会来找你谈。除非你懂西语,向世界扩展业务,这样,团队才会显示出更大作用。"王蓓的分析很是直截了当。

当作者遇见蒋岳,说起她母亲对团队的看法时,蒋岳说:"这其实不矛盾。不光是古巴,其他国家也有这种情况。个人交情在,沟通自然会好一点。接订单是由领导定,具体操作由团队来。"

是啊,订单多的时候,如果都由自己来跑,跑得过来吗?

一个人要在商场中立足,信誉是立足之本。这么多年来,古巴的各个贸易部门愿意与王蓓做生意。王蓓靠的是什么,靠的就是诚信,还有被人敬重的人品。她总会站在客户的角度,为客户的利益着想。她为供货方是这样想的,为订货方同样是这样想的。

时下,在古巴做贸易的中国公司越来越多,竞争也越来越激烈。如何在竞争中取胜?做好售后服务非常重要。人家凭什么信赖你?王蓓曾对蒋岳说:"我们不单是卖产品,售后的服务也需要跟上。"

王蓓做每件事都要求自己做细、做到位,下的订单不管是成品还是半成品,质量必须牢牢把控,不达标的决不出货。做售后服务,也不仅仅是解决问题,还要听取客户提出的对产品的新要求,以便以后更好地满足客户需求。

王蓓很早就做起贸易售后服务工作了,不是市场竞争激烈以后为了取悦客户才临时加上去的。贸易售后做了没有,做得细不细,直接影响客户对你的看法。在古巴人眼里,对王蓓的满意度是比较高的,这是靠平时一点一滴做出来的。人的声誉靠人脉关系没用,要靠行动慢慢地树立起来。

以前,王蓓在国内闯荡,后来又在国外奋斗,与儿子在一起的时间不长。蒋岳基本上是由外公、外婆带大的。现在儿子终于与母亲走到了一起,与母亲相处时间多了,母亲的经商理念对蒋岳产生了潜移默化的影响。

王蓓对儿子慢慢建立起来的团队虽然不怎么看重,但也不否认这个团队在具体工作中的作用。毕竟人多了,把每件事做得更细了。古巴的经商环境比较独特,眼下的团队在接单上还起不到关键作用,但事情总是靠人去做的,做事的人多了,贸易中的各个细节才能做得更到位。

这是王蓓看得到的。王蓓虽然与儿子有不同的看法,但也不反对儿子的管理模式。儿子慢慢地在走向成熟,也该到了对儿子放手的时候了。

特事特办

每个人一生中都会遭遇意外。发生意外有时会是好事,是意外惊喜,但大多数的时候会与不好的结果联系在一起,特别是由不可抗力的因素引起的意外。

2006年,王蓓在古巴就遭遇到一次罕见的意外。那个时候,儿子蒋岳已经能独当一面地开展工作,母亲以前在古巴的角色很大程度上由他接手了。王蓓的工作重心正在逐步地转向国内,但仍起着主导作用,关键问题还得由她来处理。

蒋岳曾暗暗下过决心,要尽快学会做国际贸易,让辛苦半辈子的母亲减轻身上的压力。那一年,蒋岳助母亲开辟了新的领域。他不仅继续做老本行纺织品,还开始向其他行业挺进,比如电子行业。

就在那一年,古巴牵头联合委内瑞拉、玻利维亚、阿根廷、海地、蒙古、朝鲜共7个国家,决定向中国采购相当于人民币120亿元的节能灯。

王蓓从这块大蛋糕中分到了一大块,14—18瓦不等的节能灯订单总计折合人民币18.8亿元,计划按5年完成供货任务。按合同要求,除了供朝鲜、蒙古的货直接从中国运出外,其余的货都运往古巴,再做统一调配。第一年,王蓓按计划发了5000万美元的节能灯,可到了第二年,出现了意外情况。据王蓓分析,主要原因是古巴领导人菲德尔·卡斯特罗因身体状况不佳,很长时间没在公众场合露面。虽然他的弟弟劳尔·卡斯特罗临时接替了领导人位置,但局面还是发生了不少变化,包括外贸这一块。当时,7个国家中有5个违约,合同无法继续履行下去。王蓓遭遇了不可抗力,虽然拿到了18亿元的订单,但5年计划仅仅履行了一年,就被迫中止。这次意外,对王蓓来说损失的是订单,虽然对贸易计划造成了一定影响,但没有直接的经济损失。

但还有一次意外,差点让王蓓连生活费用都没法赚到。

那是在订货合同中止之后的第二年,由古巴轻工部所属的贸易单位开出的信用证到期后无法兑现。十几家公司涉及此事。因货款被拖欠,严重影响了相关公司的正常资金运作,计划被打乱,连正常的经营都难以为继。虽然平日彼此都熟悉,但到了这一地步,还是出现了集体上访的事件。这一闹,真的起了作用。外汇紧缺一时无法支付货款,古巴相关部门只能通过外援,向西班牙借钱。但古巴方面也提出了一个附加的条件:外汇贷款的10%利息需供货方承担。十几家公司想想,还能怎么样?古巴外汇紧缺,已经向别的国家借钱去了,难道还有别的好对策?实在是想不出其他法子,只能如此了。

这下可苦了王蓓。那时,王蓓虽然已经有了自己刚成立不久的公司,但她向来做生意很诚实,定价从来不离谱,往往会给客户让利的空间。眼下,如果10%的利息要由她来承担,那连吃饭的钱也赚不到了。

此事,只能求助于古巴财政部了。她约见了古巴混合经济委员会主席马里诺,因为只有找他才能解决问题。当时,马里诺兼任财政部部长。

王蓓做生意诚实在古巴贸易圈是有名气的。这么多年来,她诚实守信,不贪不乱,规规矩矩,熟悉她的人都敬佩她的为人,也深得古巴高层的信赖，一些高官见到她时，也会竖竖大拇指称赞她这个"奋斗者"。马里诺这样的大人物也不例外。他听取了王蓓的情况后，当即决定特事特办："奋斗者"例外，不需承担10%的贷款利息。

从这一事例中，可见王蓓在古巴人眼中的形象。

一个人的形象，在别人的眼中是怎样，不是靠嘴说出来的，而是靠一点一滴做出来的。古巴人习惯以"奋斗者"来称呼王蓓，足见她在古巴人心目中已经树立起令人尊敬的形象。

在古巴总理级领导人里介乌利塞见证下，王蓓与古巴政府机构
签订贸易合同

儿子"上位"

蒋岳决定留在古巴与母亲一起创业，第一年学西语是学得很辛苦的。

"4年的学习内容，要在1年之内全部学完，就像是速成班，挺不容易的。"

蒋岳去古巴的第一年因为要学西语，觉得生活节奏挺紧凑，也挺枯燥的。那时，他没多少时间帮母亲做什么事，其实因为不懂的地方太多，也帮不上大忙。到了第二年，他西语学完了，已经可以与当地人沟通交流了。接下来，蒋岳又在哈瓦那大学攻读国际贸易硕士学位，其间才有时间帮助母亲打理业务上的事。虽然没有经验，但不少工作都可以做了。

蒋岳在心里默默地下了决心，为了尽量给一直在打拼的母亲减轻负担，他必须努力地学。两年以后，他已经学会全面地做好一件事了，几乎能独当一面。从那一年起，母亲回国的时间慢慢地多了起来。

"儿子去古巴的第二年，我拜访各部部长或商场总裁的时候，都会带他一起去。"王蓓从"骗"儿子去古巴看风景的时候起，心里已经在想着如何让儿子进入角色。

王蓓、蒋岳与里介乌利塞合影

蒋岳去了古巴后，出于责任心，跟着母亲努力地学着如何做好国际贸易，并在较短的时间内，分担了一直压在母亲肩上的重担，且开始呈现出"青出于蓝而胜于蓝"之势。

　　当然,涉及调整贸易结构的重大事情还是得与母亲商量以后再做决定。那是 2007 年以后,王蓓有了自己公司,蒋岳认为母亲最早做的纺织品及鞋类的东西,科技含量不高,想压缩这方面的贸易业务,开拓一些新的领域。当他与母亲商量此事时,遭到了强烈反对。

　　蒋岳真的没想到母亲对传统的东西会有这么深厚的情感。是啊,王蓓在国内做厂长的时候,走南闯北跑的就是纺织品,后来与港商合作办公司做的又是纺织品,她是多么熟悉这一行。确确实实,王蓓早已与纺织品结下了深厚的感情。

　　"什么生意最适合做,你擅长的才是容易收获的。"这是王蓓几经挫折之后总结出来的经商理念。

　　儿子提出压缩传统的东西,王蓓立即出现强烈的反应,从她的创业经历看,并不足为奇。既然出现了争议,一时达不成统一认识,还是让事实来说话吧。一段时间下来,事实证明儿子的做法没有错。

　　其实,王蓓并不是真的反对儿子拓展新的领域,她担心的是,人的精力有限,如果大量时间花在新的东西上,势必会影响到原来的领域。后来母子的意见统一了,传统的东西继续做,新的领域也要开拓。时代不同了,古巴已经到了经济更新的时代,市场的环境和客户的需求正在发生变化。人手不够,可以聘用古巴的当地人,与当地文化无缝对接。母亲的经商理念影响着儿子,但儿子作为新生代,自然有自己的经营策略。当不同的思想发生摩擦时,需要的是一段磨合期。

　　母亲与儿子之间,没有谁对谁错的原则问题,但需要一个统一的认识。王蓓也不是"老顽固",她也十分清楚市场变幻莫测,要在变化中取胜,必须以变应变。其实,她难舍传统的东西,是因为结下的情感实在是太深厚了。不只是因为她对熟悉的东西有情感,更重要的是她对这么多年来的老客户产生了深厚情感,不是吗?从贸易交往中就可以看出,古巴的老客户早已把王蓓当成了朋友。

　　2016 年 12 月的一天,在宁波丘盛服饰有限公司董事长宽敞的办公室里,作者看到了几位来自古巴的客人。在翻译的帮助下,作者与其中的一位客人进行了一番简单的交流。他叫卡罗斯,是古巴电子信息部资深的贸易业务员,看上去40多岁模样,一副典型的美洲人面孔。当谈及古巴贸易圈的人对王蓓的印象时,卡罗斯不假思索地说:"王蓓是我们的朋友。我们古巴人敬重她的为人,她很诚实,很能干。"

在谈及对王蓓公司的看法时,卡罗斯说:"贝亚时代在古巴注册的私企里面算是一个大型企业。古巴正在稳步地向上发展,欧洲方面对古巴的支持也比较大,一些设备是从欧洲进口的,贸易中接触的国家也多了起来。随着经济的发展,古巴对外贸有了重新认识,想重新划分蛋糕,切一份给中国,因为中国的产品物美价廉。"

古巴人很有自信,卡罗斯顺便还说起自己国家的前后情况:"以前古巴经济比中国好,但有一段时期在原地踏步,不像中国发展比较快,但现在古巴也开始逐步发展起来了。"

在古巴人的眼里,王蓓早已是朋友了,是一个诚实的好朋友。就像王蓓与传统产品一样,彼此已经结下了深厚的情感。

蒋岳知道母亲早期在做什么,但对于具体是怎样做的,知道的并不多。王蓓在儿子面前从来不提及自己的苦难经历。母亲的怀旧情结,作为儿子是无法感受到的。所以,当儿子分担起母亲挑着的重担的时候,与母亲的磨合的确需要一个过程。如今,在母亲的辅佐下,蒋岳的处事能力在实践中快速提升。王蓓也相信,青出于蓝必定会胜于蓝。

第十三篇 儿子心目中的母亲①

做母亲是伟大的,没有母亲哪来下一代。母亲的言行,对下一代影响往往是深远的。一个抱着梦想,并为之一直奋斗的母亲更令人肃然起敬。她不仅感动了知情者,更感动了儿子,让儿子打消了过安稳日子的念头,决心与母亲一起奋斗。

大学毕业去古巴

母亲最早在国营企业上班,也做过管理层,后来自己出来创业。有几个阶段我还很小,印象

蒋岳与母亲合影

① 本章中,王蓓的儿子蒋岳为叙述人,采用第一人称。

不深。

蒋岳小时候与母亲合影

从中学开始，我很长一段时间是住在学校里，只知道母亲一直在外面跑，投身在事业上，与母亲见面的时间也不多。放寒暑假，我跟外公外婆住，外公外婆基本上替代了父母的角色。

读大学的时候，人也成熟多了，更加意识到母亲是在做什么。那个时候，我听到母亲要去古巴做事，她也没跟我多讲。去古巴这个事情，很多人都觉得蛮神奇的，那么远的地方，那么陌生的一个国度，很多人只知道很远，具体哪个位置不知道，对当地的情况更加陌生了。不像现在网络这么发达，上网一查，很快就能看到。

母亲到了那边后，经历了不同的创业阶段，条件是非常艰苦的，也没有什么帮手，纯粹是靠自己的努力开拓了一个新的领域、新的市场。这是我去古巴以后才慢慢知道的，母亲是从来不会对我说"苦"这个字的。

2002年，我大学毕业，快到年底的时候，母亲打来电话说，古巴的风景很美，叫我过去看看。

到古巴后，我看到那里各方面条件都很差，比如说，你想要的东西市场上没有。再比如，生活习惯、风俗文化差异很大，时间一长，你就会感觉到很不习惯，与我在国内看到的情景完全不一样。我作为年轻人，也是费了很大的劲去适应当地的环境。我想，母亲这个年龄更加不容易。包括学语言也是，母亲没有到正规学校去学，记忆力无法跟年轻人相比，更多的是靠死记，不像我从发音规则、语义的角度去记。所以母亲达到可以跟当地人进行交流沟通、开会议事水平，确实很不容易。

我出去的时候，毕竟年纪轻，刚从学校出来，学习的习惯还在，读了一年的语言班。那一年，学西语学得也挺辛苦、挺枯燥的。学语言阶段性很强，人家4年学的内容我要在一年之内学完，这个过程中要学会西语真是挺不容易的。

去古巴的第一年，我遇到很多困难，有时就特别想家，特别想回国。就好像跑步，3000米跑步比赛中跑到1000米的时候，心跳得厉害，气急胸闷，人就很难受，有一种跑不下去的感觉。特别是那个时候，没有什么朋友在那里，生活也挺枯燥的，也无法跟人正常交流，想说说不出来。刚去古巴的前两三个月有点新鲜感，能支撑。但时间一长，饮食及文化的差异，都会让我感觉到种种的不习惯。该看的都看了，新鲜感褪去，不适应的感受开始一点点地强烈起来。在古巴无法跟人沟通，没有好朋友在一起谈心解闷，与中国存在时差，日夜颠倒，头半年我其实蛮痛苦的。那个时候，母亲也在，她陪了我半年左右。我一边学习西语，一边开始帮母亲做一些简单的工作。后来母亲回国的时间多了。当时，她经常要中国古巴两边跑。

我感觉自己学得还蛮快的。第二年，好多工作我都会做了，与人交流、打交道还可以，缺乏的就是经验。此后，母亲回国的频率就高了。她经常回国，甚至一回就是好几个月。因为好多工作我可以做了，并在工作的过程中积累了自己的经验和体会，想着怎样去改善工作的方法。

以前，母亲回国很少，现在是出国很少，工作程序倒过来了，国内国外的时差也一样倒过来了。等到古巴的具体工作和业务我完全可以操作后，我尽量让母亲少长途奔波。

母亲去古巴最早的那个阶段我没有在她身边,我还在宁波读书。我真的难以想象,母亲一个人去古巴,语言不通,从无到有、从有到多这个过程是怎么走过来的。她没跟我讲太多,偶尔会提几句。她是比较能硬抗的人,不愿意在别人面前诉苦,意志力很坚强。我现在也这么想,自己选择的道路,再怎么苦,怎么难,也是该做的。更何况我们到后面还是取得了一些成绩的,也算是回报吧。我们母子俩对现在做的工作都挺热爱,都一样有热情。

出于孝心留国外

我大学是学金融的,从学校出来后没想走这条路,选职业最对口的是银行这种金融机构。选择大学专业时,母亲对我有点影响。高考后,我一时也不知到底学什么好。母亲说,如果我没有一个特别爱好的专业,那就学经济这方面,将来也许可以帮上她的忙。当时,金融专业是分数要求最高的,我就感觉分数高,对生源要求也就高,最后就决定读了金融。

刚毕业时,我想随大流,跟大多数同学一样,去金融领域,找份稳点的工作。就在找工作的那个阶段,我母亲说,要不你来国外看看吧,不是让你留下做决定,先过来体验一下,情况怎么样到时候自己再选择。我抱着出去看看的心态,到了古巴。条件比我想象中要恶劣,而且各种不适应随之而来,曾产生过回国找一个普通工作的念头。我的性格也不是张扬的那种,并没想过要做出与众不同的事来。

我内心的动摇,丝毫不影响母亲的坚持。她坚信这个市场是有潜力的,她希望能够继续做下去。我从母亲的言辞里感受到了她这种想法。我最终的决定受到母亲的感染,也往这方面倾斜。既然看出来母亲还会在这个地方继续打拼下去,我很难拍拍屁股回去找个安稳的工作。如果当地是很舒适的环境,或者有很成熟的业务,我未必会接这个班。如果她自己搞得定,我会自己另外做选择。在如此艰苦的条件下,开拓市场的前期工作,母亲已经做了几年,但还是艘小船,经不起大的风浪,自身的基础、抵抗力还是比较弱的。所以做生意还是有点战战兢兢的。稍微出点问题垮掉都有可能,因为不够强大。那个时候,母亲每天做得很晚。她看准的事情不会轻言放弃,既然认准了,就会坚持。于是,我决定留下来,接这个班,与母亲一起面对艰难。

（现实中,不少富二代似乎并没有太大的接班热情,他们有自己的人生理想,设计自己的职业生涯道路。当理想主义与现实主义发生碰撞的时候,当代人往往会显示出更多的无奈,而上一辈人期盼的往往是财富能合理延续。蒋岳去古巴时,根本称不上富二代,他助母亲继续着艰苦创业。）

当初,我只想过分担一点事情,没想过接班,现在改变初衷了。

当时我做出的决定,很大程度上是出于传统,因为该是孝敬父母的时候了,长大了,要帮父母分担。

说心里话,那个时候,我二十出头,对这个行业谈不上很喜欢,但也不是很拒绝,后来慢慢做着做着就产生了兴趣,更多的是自发的兴趣。到了现在,很有感情。我最青春、最美好的时间段都奉献在这个事业上了,现在与生活紧紧地连在了一起,成为生活中不可分割的一部分。

现在看到大学同学很多做着与专业相关的工作,当然也有跟金融不相关的,但没有像我跨度这么大。我可能比他们多走了一点。像我这样的情况在同学里面应该是没有的。有时候聚会也会聊起这方面的情况,同学看到我还蛮羡慕的,觉得我生意做得蛮大。其实,我自己也谈不上后悔,但也有一些小想法,如果留在国内,可能我也处于他们其中一个的生活状态。他们很多都是朝九晚五地上班,晚上可以陪陪家人,与朋友聚会聊天。我呢,十多年过来了,牺牲了很多该浪漫的时刻,所以想起来,对同学们如此生活还是有点小羡慕。我基本上没有休过假。我的工作强度大,夜班连着日班,一天工作至少14个小时,差不多每天都是这样。平常,周一到周六除了睡觉、吃饭就是工作。还有一天就是休息日了,总要买点东西,在国外很多时候都是一次性买一周的东西,或者跟朋友聚聚。在古巴时间久了,我也有了自己的朋友圈,约朋友到外面吃个饭,聊天,差不多一天就过去了。

做外贸像弹钢琴

做外贸,特别是人在国外,强度会比较大,有时差。晚上要跟国内的客户联系,白天要跟国外的客户联系。我们有团队,但一部分工作还是要我自己来。我可能习惯了,觉得自己做更加顺手,效率更高点。如今已经逐渐在调整,有的工作慢慢转移给其他同事。

我刚到古巴的时候,看到母亲每天在忙碌,做得很辛苦。办公地在开发区,她每天都要挤公交车。后来买了辆二手车,尽量节俭。当时我们还处于创业的初期,自身条件也没有到很高的水平,各种开销能减的尽量减少。白天,母亲在外面谈业务、开会,晚上,我帮她发发邮件,国内联系肯定是母亲为主,那时,我很多事接不上手。那一年,我的主要任务是在哈瓦那大学学西语,那个时候的我对做外贸还没有什么经验。

做外贸,就像弹钢琴,节奏一个接着一个。这样的节奏深深地影响着我。母亲每天不停地工作着,我就是那样一步步地跟过来的,虽然每天在忙忙碌碌,但会觉得这样是正常的,没有觉得超量。母亲对我的影响是深刻的,慢慢地,习惯成为自然。

母亲最早是做比较传统的项目,像轻纺类的产品,这种产品相对来说附加值不高,科技含量也相对较低。这类产品我们现在还在做,但感觉到传统行业的产品越来越难做,这里包含竞争、价格及材料价格波动等因素。后来我接手主要工作后,进行了一些适当的转型,根据市场的环境和客户的需求,扩展了产业链,涉及了科技类的东西,包括电力、化工类的产品,贸易领域做了很大的改变。

当然,老的东西还在做,好不容易做出来的老市场虽然不像以前好做，但也不能轻易地放弃。眼下，我们的贸易业务更加丰富了，业务能力有了很大的提高，产品的覆盖面扩大，抵御市场变化的应变能力也上去了。最近几年，我们能够保持一个不错的业务量。

在古巴当地，我们也是尽量做好服务工作。早些年，母亲对我说，我们不单是卖产品，还要附带我们的服务。不少类似的同行卖了东西就不管，有些出了问题，客户的满意度就不高。我们做单子，会给客户一个很好的售后跟踪、平台反馈，不断改善贸易中的不足。有了这样一个后续服务，我们的声誉就上去了。所以我们很多老客户，有跟我们贸易往来十多年甚至二十年的，做到后面，大家熟了，就跟朋友一样，互信互助，相互合作到了一个更高的台阶。

对贸易产品的质量把控也很关键。产品质量一旦出现问题，会影响声誉。在国内，不能一味地以低价来采购产品，质量必须符合规定，

蒋岳与母亲在古巴"中国城"一起陪客人

供应商要筛选，拿到样品要做认真的检验。为了把控质量，供应商这块也得进行升级，同样的产品，我们更愿意与有实力、品牌响的企业合作，这样才能把好的中国产品推向世界。

之前，我们几个重点的贸易区域，比如古巴和其周边的加勒比海区域有很多客户，对中国产品印象很差，认为中国产品就是便宜、质量差。

我们最早感觉到客户的不良印象也是挺苦恼的,虽然我们东西卖得不错,但给客户推介产品的时候,他们还是会觉得中国货档次低。我们一直在努力,努力改变中国制造在国外的影响。我们很坦白地问客户他要什么档次,什么价位。总不能他给个低价位,我给他一个高档次的东西,这是做不到的,如果有人这样做了,那肯定是骗人的。如今,出口的产品有一定的标准,没达到这个标准我们就不做。我们在行业里自己给自己定了一个标准,不能因贸易而贸易,有损声誉的事不做,眼睛不能光盯着利润。一单、两单可能通过虚假的宣传可以获得利润,但要做长期的,十多年甚至更多年,肯定还是需要用诚信去跟客户建立关系的。

蒋岳与母亲一起拜访古巴客户

母亲难解旧情结

跟母亲肩并肩地做贸易,分歧肯定会有。像扩展产品的领域方面,我们就产生了各自不同的看法。

在从传统领域向新领域转型的过程中,母亲觉得,转向新的领域,就会大幅减少对传统产品的投入精力,势必影响贸易成交的量,她觉得好不容易占领的市场不该轻易去放弃。母亲熟悉早期做下来的传统产品,肯定会有挥之不去的念想,现在因无暇顾及,觉得可惜。对我来说,年轻人更希望接受挑战,能开拓新产品。当今市场瞬息万变,竞争也很激烈,只能以变应变。对老产品虽然感情很深,但问题是市场的需求在变,如果需求降低了,东西再好也会降低你的量。这里面我与母亲有过争执,到后来她也慢慢地想明白了。

母亲是明事理的人。我也能理解她对传统产品的情结,因为她最早是通过这个做起来的,那么多年下来了,不应该放弃。我也跟母亲解释,我没想过要放弃。但有些东西做到一定层次,你要再往上,再像过去一样承接大订单,可能会一去不复返了。贸易上产生不同看法,有些是沟通或理解上的问题,需要通过一段时间的沉淀,看实际效果。

适应21世纪新的客户需求,我觉得挺重要的。就在这个问题上,我与母亲也出现过摩擦,后来经过磨合,就心心相通了。这需要对市场有一个预测。我觉得这是节奏上的问题,只是我迈出的步子比母亲快了一个节拍。

其实,母亲有一颗不老的心,对市场变化很是敏锐,毕竟这么多年干下来了。比如,在谈及一些大项目或者非常规的业务,以及在新兴项目开拓上,她会有自己独到的见解。虽然身体年龄不允许母亲再像当年那样折腾,但她创业的奋斗热情还是非常值得我学习的。这一点对我影响很大。本身我是一个比较安于现状的人,本想着找份平凡工作,过安安稳稳的日子,但在她的感染下,我逐渐走到了现在。

现在的游戏规则跟以前不一样，可能更加需要对产品的理解。概念转换非常快，"互联网＋"出来后，颠覆了传统观念。母亲提出要开拓新的项目，我反而会劝她谨慎点。有些项目，不需要太多人力，而自己需要花很多精力上去，类似这样的项目，我基本持反对意见。母亲一向拼劲很足，但年龄不允许她这样做了。

古巴这个市场做到现在真不容易，我已经有了深深的感受，所以就不会轻易放弃。随着古巴的经济发展，一些新的情况出现了，我们可能会相应地转换经营的方向。现在就是保持这样的节奏继续做，周边的新市场我们也在想办法进一步开拓。

先解决客户困难

在国外经商，自然会影响到家庭团聚。成家之前回国比较少，长的时候一年多没回来。现在有了自己的家庭，有时候出去没办法，因为有一些客户项目要谈。在国外就尽量把工作做完，然后回来与老婆孩子团聚。对我而言，现在短时间的来回会多点。

小时候，很多年里，我跟母亲都是不经常见面的，在我的印象里，母亲很严厉，要求非常严格。因为不是每天在一块，我也慢慢适应了她的教育方式。母亲见我不多，又很严格，每次碰面的时候，我会有点怕的感觉。我小的时候比较顽皮，母亲的教育方式又很老旧，比如打我两下。因为平时她没怎么看到我，回来看到我在玩就打我两下，目的是教训我，不该在她不在家的时候偷玩，应该好好学习。

母亲是个事业心很强的人，只要认准的事，就会去拼。她把很多时间都放在事业上。小的时候看到其他小朋友有父母陪着参加活动，会有点羡慕。但总的来说，我也是很独立的。长时间看不到母亲，也慢慢习惯了。长大后，我长时间住在学校，在国外也有很长一段时间一个人生活，也能适应。

母亲平常管教不到我，外公外婆则是基本上委托班主任老师多管我,要求从小对我进行严格教育,将来好有出息。

从做事上,母亲给我的感觉是一个雷厉风行的人,也很有想法,一旦决定做一件事,就会踏踏实实去落实,做事情喜欢快,讲求速度。包括后面跟着她接触工作,对我也有一种潜移默化的影响。我现在也忍受不了拖沓。

记得有一次,那是我去古巴的第三年,生意上遇到挺大的困难。不是我们自己造成的,是客户的原因。我感觉到母亲遇到的压力很大,但我因为刚去一两年,看着心急也没用,帮不上太大的忙,只能做些辅助性的工作。那个时候,我们业务做得还比较少,自身对风险的抵抗力还比较弱。资金收不回,对我们影响很大,包括我们国内的供应商之类的,很多都是我们自己垫钱或者借钱来填上,国内的欠款付掉了,但国外的收款出了问题。

母亲是个很坚强的人,碰到问题从不畏难,那一次,我却发现她一个人在暗暗地流泪。我很想帮忙,可帮不上。她遇到困难,首先想到的不是自己,而是客户。国内的供应商、我们的客户,无论如何都要想办法把货款付给他们。国外那边,她也积极去解决收款问题。那次事情对我影响很大,因为对我们来说,算是一次危机。这应该是我出去的第二年,我是2002年去的,就在2003年、2004年那两年。那是蛮大的一个坎,如果迈不过去,就没有现在的公司。最终,在母亲的坚持下,我们还是很坚强地挺过来了。

在家里有时候她一个人待着,没人去帮她分担,我也帮不上,看到她哭,我会很心疼。当时我也暗暗地对自己说,要尽快学会语言,尽快掌握业务,做更多的事,帮母亲分解压力。即便在这种困难下,母亲宁愿自己受苦,也不让合作伙伴受苦,困难损失尽量都自己扛。

遭遇这次危机的时候,我们经营规模还小,抵御风险的能力较差,但也正是这个时候,体现出她的坚韧不拔,对客户的诚信,包括国外那边,她还是很真诚地在沟通,用和平方式去解决问题。这也反映了她在生意场上是一个很有原则的人,而在她身上我也感受到坚韧不拔的这种精神。

人与人交往,好的时候都是你的朋友,一旦有困难谁在你身边,谁才是真心待你。我们到现在有那么多感情深厚的老客户,也是这么多年来,通过长期的彼此接触逐渐建立的互信。

发挥团队战斗力

母亲宁可自己吃亏,也不能让客户吃亏。母亲处理意外的态度,对我影响也很大。

不可能每个合同都赚钱,有时候也会出现意外,比如材料涨价什么的。我们始终坚持一个原则,就算亏钱,也要坚守诚信,答应的事情要做到,该给客户什么还是会给客户什么。这是生意上的基本原则。当然也有人不是这样做的。

但对我们来说,有些事情可以妥协,有些必须坚持。母亲是个有原则的人,原则上的事,她一定会做到。

母亲是我的榜样。从某个角度看,一个企业的气质取决于领导者的境界或者风格。我跟她在实际操作中肯定会有一些区别,我希望我们的产品类别可以更加丰富,我们所涉及的专业领域要更注重产品的科技含量。比如技术上的事,我可能年纪轻,对于新事物,在认知上会与老一辈不同,我更多的是想结合新兴产业来做一些定位。我们现在做很多产品,也要求员工要有一定的学习能力,我们公司其实以贸易为主,但接触到的都是很专业的产品,我会要求我们的员工自我提升。做贸易的话,卖一件衣服跟卖一套设备是完全不同的概念,所以我们要去适应新的要求,特别是产品产生的附加要求。所以我更在乎对工厂的考察、对供应商的筛选,还有对方技术能力上的反馈。因此,我跟母亲对员工的要求不一样,管理方式也不一样。我母亲和很多老一辈企业家一样,他们都会亲力亲为闯自己的事业。我很多次都是自己去实地看项目,但我觉得,凭我一个人的精力是看不过来的,更多地要去发挥集体的力量,去培养团队，让他们在学习中提高。我觉得一个好的领导并不是懂得比谁都多，你的时间就这么些，不可能什么都懂到很深的一个层次。如果下面的人能成才，就是企业的财富，也是企业的骄傲。

我可能对市场的新生要求更加了解。像我个人很多时间在国外，一部分的原因就是要更接近市场，更接近客户，去了解他们有什么新的需求。现在跟十多年前、二十多年前不一样了，以前，一个产品用得好，可能接下来就一直是同样的东西。但现在市场变化很快，给他提供一个东西，他用了以后对某些方面会感到不满意，不是说你的东西不好，而是说产品本身结构上有限制。比如手机，今年的款肯定和去年那款不一样，肯定有新的东西加进去。客户的要求也在提高，产品不及时更新可能就满足不了客户的需求，人家就可能领先于你。我还是希望能多了解客户新的需求，对应地去找更恰当的产品。

如今在与古巴的贸易中，母亲就是把把关，一些大的事情共同商量。具体业务上，比较消耗体力的就由我和我的团队来做。我们毕竟还是以贸易为主，技术的活，需要定期或短期去接受培训，然后去做好后续的服务。我的团队有6名员工，用的是当地人，是长期固定的，是我后来组建的，归根结底也是市场和形式所要求的。招当地员工比较接地气，因为他们适应当地的语言和文化。如果国内的人过去做，要有一个适应期，至少一两年才稍微过得去。当地人完全没有这种问题。我一直认为工作上要更加细化，靠团队的力量形成集体的战斗力。这一点，对企业的发展来说，十分重要。

母亲有个外号叫"奋斗者"

母亲在古巴那么多年，现在的客户，包括政府官员，对我母亲还是很尊重的。熟悉她的人，给她起了个外号，叫"奋斗者"。她在古巴创业至今已经超过了20年，很多人看着她从零开始做，看到她今天做到这样一个高度，都知道她一路走来多么不容易。了解她的人看到她，会习惯地叫她"奋斗者",会当着她的面竖大拇指,觉得她很了不起,包括一些级别很高的领导,认识她很多年了,对她已经很熟悉,知道她是怎样的一个人。

有些企业,特别是央企,本来平台就很大,起点就不一样,不缺资源。母亲确实是从零开始,20年来一步步走过这段路程,她是在艰苦的奋斗中前行的。不少古巴政府高管很认同我母亲。这点是我最欣赏我母亲的地方。你的付出被人家看到,认可了,也算是一种回报,让我觉得我们在做的事情是有意义的。包括这么多年我们对客户的服务,产品履行合同上对对方的尊重,点点滴滴大家都看在眼里。

这里的客户其实认识我也有很多年了。有我母亲这样一个榜样在,他们的目标会定得高一点,对我的期望值也会高一点。这些年做下来,应该说没有辜负他们。总的来说,他们都挺认可我的工作。虽然我与母亲的工作方式不一样。有时候碰到老客户,也会聊起我母亲当初的事情,包括我不知道的事情,比如说艰辛的起步阶段。这些事对我来说都是一种激励。我去的时候虽然条件恶劣,但和母亲那时候相比,已经是非常好了,所以没什么好抱怨的。我的业务量也是稳步上升,基本上过渡这块还是挺顺畅的。客户那边认可了我。没有人说,你母亲做得那么好,你儿子这么差这样的话。一方面我还是觉得自己有兴趣了,能很好地延续业务,在曾经的基础上开拓创新。

每走一步都很难

刚开始我压力很大,那时候的业务量跟现在比有几倍之差。我对自己要求比较高,不是随便做就好了,我希望做到自己能达到的最好状态,所以就把自己的目标定得相对高点。再加上我母亲那个时候和我都想要把公司做大做强。这几年来,我开始感觉工作压力越来越大。

最近两年,母亲去古巴的时间越来越少,甚至有大半年时间在国内。总的来说,我觉得我接手还是挺快的。她来的时间少,就是因为看到我事情能做好，如果我做得一塌糊涂她肯定经常要过来。我接班两年多后，就比较顺手了。第一年后半年我就在帮忙了，两年后就能独当一面地做一些事情。可能我在经验上有所缺乏，对客户的熟悉度肯定不如母亲，这需要一个过程，好在后来就熟悉了。四五年后，我有了自己的想法，比如老的产品可以去做一些翻新，我感觉到这个领域里可以挖掘些新的东西，但不是说要去换一个领域挖掘。前面几年我是在老的领域里挖新的产品。后来挖得差不多，感觉市场饱和了，我才觉得需要去换新的，前面几年在传统线上做深，去挖掘潜力，做一些新的款式，后面转变就更大了。

我们这代人跟母亲那代人不一样，教育方式也会有所差异。我这一代，很多都是独生子女，孩子继承父母的事业似乎天经地义，所以我几乎也没什么选择，当然这个行业我不抵触，现在已经找到了感觉。我的下一代还早，要是他真不喜欢，我也不勉强。不知道我十多年后是做这行，还是做投资，这都有可能。我们还是希望多遵循孩子的喜好、特点。有些人不适合做生意，硬让他们做不合适，一是他们做不好；二是他们不开心。还是要看孩子将来成长过程中的特点，看他们对这个行业感不感兴趣。现在经营公司有新的概念，可以找职业经理人，有很多人做得比你好，不用非要自己做。

这些年我自己也在不断学习，对新生事物还蛮有兴趣，我正在做很多新产品，都需要我去了解产业整体的环境、市场前景，这些也都是我很有兴趣去研究的事情。

我的创业跟其他人的创业不同，我不能说自己是创二代，也许可以说是创1.5代。其实，我跟母亲一起走过很长一段路。刚去古巴的那个时候，没有很好的条件，我只是比初创者好一点而已。现在有很多创二代比我更年轻。有些人创业的时候，他们的父母已经到了一定阶段，有资源了，可以支持做他们想做的事情。我去古巴的时候，其实还在创业，那个时候很艰苦。我觉得很骄傲的一点是，我是和母亲一起在外创业的，我帮她做到位，让我们的贸易形成了一个成熟的状态，达到了一个更高的层面。

现在我觉得，我自己在做一件还算喜欢的事情，运气算是还不错，有一些小的成就。任重道远，压力也有。压力在于一个人到了一定的层面，再往上走一步就很难，如果要求自己每年要有成长，压力就会很大，往上每迈一步都很难。另外是行业之间的竞争压力。比如纳米行业本身就很难做，包括外部环境、材料和生产状况，现阶段都是处于不稳定的状态，虽然我们做的时间较长，但也会遇到竞争的压力。只有不断进步，才能抵御这些压力，要不断提高，否则不进则退。

钱不该乱花

母亲是属于比较朴素的人，对自己很节俭，但做公益的事却很大方。这对我也有影响。母亲对我说过，生活上舒适就可以了，不去追求一些奢华的东西。穿着上看场合，不会刻意去享受。

我的一些女性朋友会跟父母聊很多，我们母子俩因为都很了解彼此，有些东西不需要说太多，有什么事了才会沟通交流一下。不像有的家庭，交谈特别多。我跟母亲见面也少，都忙于出差、陪客人。有时候，我也尽量去陪陪母亲。因为上班就能看到彼此，回到家中就聊得少。我们对彼此的习性也非常了解，偶尔会聊聊其他的东西，但不算很多。

我觉得我们到现在也算小有成就，是时候帮助一些需要帮助的人，其他地方的钱也不会怎么乱花。自己也曾艰难过，能够帮就会帮。传统的方式是给钱。但我觉得最好的方式不是给钱，是通过某种方式帮他提供条件，让他自己产生赚钱的能力。输血不如造血，不然有些人习惯了，就不会去想着改变自己。给钱的帮忙方式不是最理想的方式，会让他们习惯嗟来之食。通过其他方式给他们一些启发，或者工作岗位什么的，我觉得是比较持久的方式。现在我们也在考虑建立奖学金的事，帮助贫困学生，自己也在想着去母校宁波大学建立奖学金。靠他们的自身努力和你的一点点推动，如果他们有感恩的心，可以让爱传递。记得在一次旅行途中,忘记是哪个国家了,有个人在路上碰到一个经济上很困难的人,他提了一个给予帮助的条件,就是不用那个有困难的人给什么回报,只要他答应将来如果有能力了,遇到类似的能以同样的方式帮助。这样的话,爱就会几次方地扩散。

公益的事母亲在做,我也会去做,我们觉得应该为社会做一些事情,希望能做得更有意义,帮助需要帮助的人自我成长。这是我做公益的一个想法。

我们自身都挺节俭的。有一次,我和母亲去国外,两个人拿了6个行李,去酒店入住不方便,我就叫了酒店行李工,拿到房间,付了点小费。到房间,母亲把我批评了一顿,说自己可以拿,为什么要付小费让人家拿。其实也就几元钱的小事。

后来回国没多久,一个公益活动中,她一下子出了10万元,我好像感觉地震了。两件事情,间隔没多久,反差如此大。你会觉得她这么吝啬,几元钱的小费不愿意付,但转身一下子就出了10万元来做公益,说明这不是小气的问题。母亲总会觉得,该省的就得省,钱不该乱花,重要的事情再多都要付。本来我还对付小费的事情感到生气,有了这样的前后比较,让我对母亲更加敬佩。不管做事,还是做公益,我都很认可她。她总是在替别人着想。

我大学之前在奉化读书。小时候,母亲陪伴我的时间很少,但我对她也谈不上埋怨。长大后,我看到她那么辛苦地在做事,心里自然理解了。包括我自己现在在外面,也需要家里人理解。我不能每天接送孩子,家人的谅解是很重要的。不知不觉地,我的忙碌也得到了家人的理解,他们不再埋怨我不能陪伴他们左右,因为在他们看来,我有更重要的事要做。

第十四篇　梦想起飞

想摘果实,需要付出艰辛的劳动。梦想的结果总是美好的,收获的季节往往姗姗来迟。不怕吃苦,才会有奋斗精神。条件再苦,也能挺住。只有辛勤耕耘,才能让梦想飞上蓝天,越飞越远……

想办公司

叫儿子蒋岳去古巴看看的那一年,是王蓓在那里创业的第6个年头。那是2002年,与她合作的中国国内贸易公司已经有近10家了,并且还在逐年增加。合作伙伴多了,自然要做的订单也多了。那时,贸易的重头还是王蓓最熟悉的纺织品。由于时差的关系,她往往白天忙完,晚上还要与国内的生产企业联系,每天睡眠时间严重不足,有时只睡两个小时。

蒋岳到了古巴的前几个月,感觉挺新鲜,但当旖旎的风光从眼前掠过之后,与国内的生活反差显得越来越强烈。

"古巴比我想象的还要差,主要是物资贫乏,你想买的东西买不到。"这是蒋岳对当地生活环境的第一感觉。

看到母亲在这样的艰苦条件下打拼,蒋岳内心触动很大。他终于理解了,母亲为什么以前没时间陪他一起生活,原来是在这样苦苦地奋斗着。看到母亲在国外的艰苦创业,联想起自己小时候,母亲在国内走南闯北何尝不是为了生活在苦苦奋斗。

蒋岳想起以前,看到同学在父母陪伴下一起谈笑着,而自己的母亲不知在哪里奔波,油然而生对母亲的不满情绪。他看到别人对自己的孩子多么疼爱,而他自己主要靠外婆外公照顾,时不时会产生对母亲的抱怨,心里想着,母亲不在乎我,不怎么爱我。

蒋岳去了古巴之后,内心有了巨大的触动。他那时刚大学毕业,人已经长大,有自己独立的见解了。看到此时此刻的母亲这样辛苦地工作,不就是为了自己生活得更好吗?此景此情,让蒋岳曾经心中的抱怨慢慢地烟消云散。

2004年起,母亲有了儿子做帮手,贸易业务有了新的起色。虽然多了一个得力助手,但王蓓整天依然忙于事务。蒋岳嘴上不说,心里觉得真是苦。他一天至少工作14个小时以上,母亲夜以继日,蒋岳自然也跟着夜以继日。

创业难,难创业。如今创业成功了,事业也做大了。回想起当初的艰辛,蒋岳真的想过息手。一心想着儿子接班的王蓓曾听蒋岳说:"妈,如果你现在不干了,我也真想不干了,到澳大利亚或者加拿大打工去。"

王蓓从小吃惯了苦,可作为新生代,蒋岳怎么能与母亲比?王蓓知道儿子说的也许是玩笑话,心里可是清楚得很,儿子说出了创业的真实感受。

很多时候,人只是想得到完美的结果,却没有认真想过收获前的付出。然而,收获前总是需要付出的。生活就像山谷回声,你付出什么,就会得到什么。用汗水和努力做出了他人不敢做的事情,总有一天,会有你梦想的结果。

生活往往就是如此。王蓓的辛勤耕耘,已经到了收获的季节。2006年,王蓓虽然还没有创建自己的公司,但与她合作的公司已经有十几家,贸易业务正在稳步扩大。

就在那一年,她的外甥女婿周伟打电话给她,说是奉化正茂贸易有限公司想与她合作,以该公司的名义做代理业务。

到了古巴以后,王蓓一直是以其他公司的名义在做国际贸易业务,现在倒好,有贸易公司找上门来,与王蓓合作做贸易。以这家公司的名义来代理王蓓的业务,贸易所需的费用由王蓓来支付,公司按比例提取代理费。王蓓与外贸公司如此合作还是第一次。其实也很正常,正茂公司看重的是王蓓的订单,只要有订单,就有利可图。经商者图的就是利,无可厚非。

2006年,是王蓓在古巴奋斗的第10个年头。那时,她在古巴贸易圈里已稳固地占据了一席之地。正茂公司自从与王蓓建立合作关系之后,贸易订单源源不断,第一年就做了300万美元的贸易量。

就在那一年,王蓓拿到了相当于人民币18亿元的节能灯订单,按5年计划实施。虽然业务由4个公司分开承接,但正茂公司要代理这样大的订单,古巴方面随即提出了异议,正茂公司的注册资金只有50万元,还不够多,如果要接这个单,公司必须注资。

正茂公司若决定参与这个订单,注资的事势在必行。这家公司于是与王蓓商量,公司增资至500万元。王蓓很直爽地提出:"如果你们资金有问题,500万元全部由我来。"

正茂公司是由6个人合股的,个人的实力虽不能与王蓓相比,但不同意王蓓一个人来出资。自从王蓓介入进来,公司业务强劲地向上飞涨,前景看好。如果由王蓓一人出资,公司不就成她的了?

"那我出300万元,其余的算你们。"王蓓提出她要占60%的股份。

那不是被王蓓控股了吗?这一方案同样被6个合伙人否决。经"6+1"圆桌会议上的再次协商,最终决定:王蓓出资200万元,占总股份40%,成为正茂公司第一大股东,但没达到控股的比重。

注资的事解决后,贸易生意照常做。周伟原来在律师事务所工作,他牵线成功之后,也不在原单位工作了,就职于正茂公司。那时,王蓓大部分时间仍然放在古巴，平时联系的事还是周伟在做。王蓓委托周伟全权代理一切事务，比如付货款及核实收款等事项。

好事总是多磨。贸易业务一切照旧，但随着业务量的提升，因资金问题，双方在沟通上没那么畅通了。

正茂公司对周伟提出要求："以后付款10万元以上的单，必须你阿姨自己打电话确认。"

那时，古巴开出的信用证不是即期的，展期分6个月和1年。受付款资金的抑制，合作开始出现了摩擦。

此后，王蓓又发现在合同上多次出现了她的名字。虽然王蓓是大股东，但未经她同意，不应在银行借款单上签上她的名字。这可能会带来"后遗症"。正茂公司是代理各家企业做出口贸易的，向银行借款是常有的事。

摩擦的事发生了，不合规矩的事也出现了。王蓓担心以后可能会有更多的问题出现，造成双方更多的不愉快，遂果断地向对方提出了合作终止的要求。

王蓓是重情重义的人，既然曾经合作过，也考虑对方的难处，没有把资金撤回来，直到2017年7月，200万元的投资仍留在正茂公司。

既然合作会产生不愉快的摩擦，不如干脆自己开办公司。2007年，王蓓在外甥女余杭波和外甥女婿周伟的劝说下，准备在老家投资。其实，那一年，王蓓自己已经有了计划，这么多年与人合作，一直没有自己像样的公司，是时候开辟自己的天地了。这一天，王蓓已经等了好久好久。

开创新天地

"我并不特别，若一定要说有什么地方比一般人强，那就是比较努力罢了。"卡内基钢铁公司创办人安德鲁·卡内基说。一个人的成功需要多种努力，有一种努力叫坚韧不拔，只有坚韧不拔，坚持追求，才有可能实现自己的梦想。

　　王蓓凭借一股韧劲和努力，一步一步地朝前走着，不言放弃，不怕吃苦，用自己艰苦奋斗得来的"第一桶金"，投资创办自己的公司，开创自己的事业，并将自己的事业不断地做大做强，既创造了巨大的财富，更实现了自我的超越，创造了自己的人生价值。

　　2007年，王蓓决定投资70万美元，在老家奉化注册成立宁波丘盛服饰有限公司。经过一年多的建设，在宁波奉化三横开发区的4亩土地上，她建起了6000平方米的厂房和办公楼，并添置了生产用的各种设备，作为国际贸易产品的生产和加工基地。就在新厂房落成的那一年，也就是2008年，王蓓又注资200万美元，创办了贝亚时代（宁波）国际贸易有限公司。在宁波鄞州区的侨商大厦花了6000万元买下了整整两层楼面，面积有3600平方米，作为贝亚时代的办公用房。

　　如今王蓓不仅实现了少年时代的朴素梦想，而且实现了大的跨越。学生时期，王蓓就已经懂得了要改变生活，就得实干和苦干。而从那时起，王蓓为了改变自己的命运，已经苦苦奋斗了将近35年，终于看到了眼前自己所拥有的一番新天地。

　　想当年，无论是又苦又累的手工活做起，还是凭自己年轻力大拉木板；无论是当教师，还是做出纳，王蓓心里的梦想就是赚到更多的钱，这样才能改变自己的生活。在国有工厂做最普通的员工也好，当上了课长还是厂长也好，她始终有着一股拼劲，朝着自己的梦想奋进……

　　在古巴创业期间，王蓓最初根本没有属于自己的公司，但她看到了机会，同行的走了，她决意留下。有了机会，怎能放弃？这就是王蓓的品性。她始终坚持这样一个信念，只要坚持，终会成功。她的前半生所表现出来的做人品性，同样赢得了古巴人的认可。在古巴早期，王蓓没有自己的品牌，但古巴朋友认可王蓓这个朋友，因为王蓓这个人的品性就是一个品牌。有了贝亚时代，古巴朋友就把"贝亚"当作了王蓓的经商品牌。古巴人认可"贝亚"，看重"贝亚"，愿意把"贝亚"当成朋友。

　　如今，古巴人眼中的"奋斗者"，凭借自己的诚信和毅力，在古巴贸易界树起了令人赞誉的口碑。这样的口碑，不是说出来的，而是踏踏实实奋斗出来的。古巴人清清楚楚地看着她是怎样从一无所有走到现在的成功。这就是对"奋斗者"最好的诠释。

自从丘盛服饰和贝亚时代创立，王蓓的国际贸易业务飞速发展，从500万美元、800万美元、1000万美元、2000万美元……一直到5000万美元，贸易额在平稳发展中实现跳跃式增长。在儿子的鼎力相助下，公司的经营范围从传统的轻工产品，逐步扩大到电子、机械、化工等领域，经营品种达数百个。为了适应不断扩大的贸易规模，丘盛服饰进行了三次增资，注册资金由70万美元一直增资至1200万美元。

在宁波市奉化区的贸易行业中，丘盛服饰成了私营企业中的纳税大户，从2007年成立起至2016年，年年被税务部门评为先进，获得金条、现金、电视机、手机等各种奖励。其中2012年，丘盛服饰向地方纳税900多万元。

贸易圈的朋友听到王蓓纳税这么多，感到惊讶，因为外贸公司一般不纳税，即使纳税也是小数额，没见过像她这样纳税的贸易公司。

王蓓一向是一个诚实的人。在古巴，她是个规规矩矩做生意的人，从来不做违法乱纪的事，宁可不要生意，也不做害人害己之事。回到国内，从来不做假账，按实做账，该怎么纳税就怎么纳税。

随着贸易规模的扩大，王蓓明显感到原先的投资地盘不适应业务发展。地方政府清楚丘盛服饰公司经营的具体情况，知道4亩的用地远远不够了。为了让丘盛服饰做大做强，奉化相关部门又批给王蓓50亩用地。这是地处奉化滨海开发区的一块地。

王蓓得到这块用地后，随即投入了6000万元。经过两年日夜赶工，33000平方米的崭新厂房和办公楼拔地而起，在办公楼前的广场上，五星红旗高高飘扬，旁边还有古巴的国旗、中国香港的区旗和贝亚时代的标志旗。

王蓓在新建造的公司办公大楼内与古巴客人一起合影留念

与丘盛服饰一样，随着贸易业务的扩大，贝亚时代也先后两次增资，由最初的200万美元，增资至600万美元。

看着五星红旗在贝亚时代的广场上高高飘扬，王蓓的少年梦想已经飞上高高的蓝天，正在越飞越远……

拖欠货款

王蓓清楚地记得，她刚到古巴做贸易的头两三年，信用证都是即期的。随后，情况就发生了变化。

由于古巴外汇逐渐紧张，信用证开始出现展期。1999年下半年古巴开始出现6个月展期信用证，2006年起又出现1年展期，特别是2015年之后，信用证展期时间出现2年期。

古巴外汇紧张态势由来已久，近年来形势不见好转，而且有加剧的趋势。据王蓓所知，古巴目前出现外汇短缺的情况是多方面的。首先，委内瑞拉的石油援助减少了。古巴派外援教师、医生到委内瑞拉，换来了每天10万桶油，如今委内瑞拉面临严重的经济危机，互助条约无法继续履行。

正因为委内瑞拉面临严重的经济危机，古巴日常石油供应缺口较大，只能寻求新的来源。

"古巴向沙特买石油，如果说，这笔开支是50亿美元，现在要自己付60%，也就是30亿美元。国家不能没有石油，否则各行各业没法运行。"王蓓长期在古巴做贸易，接触不少高层人士，清楚古巴的各方面情况。能源是一个国家的命脉，古巴不能没有石油。

"甘蔗减产，糖产量减少。"王蓓说到古巴外汇紧张的第二个原因。

古巴糖产量居世界第一，白糖产业是国家的主要经济支柱之一。甘蔗种植一年两季，春植二、三月，秋植八、九月。农作物收成同样要受到自然气候的影响。

"镍价格直线下降，这一块的外汇收入明显下降。"王蓓说，镍矿出口也是古巴的主要经济来源。

"再是出现债务重置。打个比方说，欠某国100亿元，该国同意债务减免70%，但还有30亿元，要按6年付清。"本来拖欠的外债暂不用支付，现在则需要每年支付一部分的债务。

"古巴原来是有外汇支付贸易货款的，现在多个方面都需要外汇，造成了外汇紧缺。"王蓓根据所了解到的情况说出自己的观点。

王蓓的消息来源不少，从综合来看，她基本上说出了古巴外汇不够用的主要原因。

从外部变化看，美国总统特朗普上任后，古美关系又出现新的状况。

事实上，美古关系出现了倒退。

作为邻国，美国对古巴的经济制裁直接影响着古巴的经济发展。从目前状况来看，古美关系能否改善还有待时日。

种种原因造成了古巴外汇紧缺，从而使古巴贸易方面的信用证展期越来越长，甚至信用证到期后还兑现不了。

货款拖欠打乱了王蓓正常的经营计划。2015年之前，王蓓从来没有向银行借过钱，现在古巴方面付款没按信用证上的日期按时结汇，计划好的事，全被打乱了。

2017年1月至8月,古巴方面应付1年期和2年期到期货款约450万美元,但王蓓实际只收到150万美元,信用证到期了,但货款迟迟不来。

"古巴方面拖欠的货款近3000万美元。以前TT付款曾拖欠货款,由国家出面解决,现在国家出现外汇紧缺,要不到,找谁去。除了催只有等了。"

为了保证有足够的运作资金,王蓓先后向银行贷了1000万美元。

同时,贸易规模需要严格把控,有时只能用延时发货来制约对方。既然对方违约了,也只能采用非正常的手段。非常时期只能用非常手段,其实,王蓓是多么不愿意这样做啊。说是这么说,但问题是厂方怎么办,总不能把生产好的产品一直放在仓库里,不发货。厂方的生产资金也回笼不了。说归说,合同上的货拖了一段时间,最终还得发出去。

贸易上所拖欠的货款越来越多,只有王蓓自己一个人来承担了。但她相信,古巴通过经济更新,各行各业肯定会出现新的发展,外汇紧缺的状况会出现缓解。

针对这一问题,王蓓已经对目前的贸易结构做了调整。本来按合同应收的外汇,大部分由古巴轻工部所管辖的工厂、商场等单位所欠,为了尽量不让欠款继续膨胀,只能压缩这个板块的贸易规模。

"少一件衣服,少一双鞋,对生活没多大影响,可以克服,但药材、粮食这类东西就是必需品,不能没有。现在轻工部不是财政部重点拨款对象了。"王蓓清楚古巴的外贸运作情况,于是相应地对外贸结构进行了逐步的调整。

第十五篇　爱的力量

从小父亲对王蓓的教育,深深地影响着她的成长。她在吃苦中长大,更懂得如何节俭。每个人都会有怀旧的情结,年轻时的记忆将会伴随一生,难以忘怀。曾经受人帮助,更懂得怎样去帮助他人。慈善是灯,能带来光明,让温暖充满人间,生生不息。

创业大家

在宁波奉化,有一个被一大片绿色环抱的小山村。在这个小山村里,曾经有一个方方正正的小园子,在破旧的围墙内,有四间呈L形排列的房子,曾住过一大家子9口人。这就是王蓓曾经生活过的地方,奉化税务场村一个普普通通的农户家庭。

这个普通的农村家庭有着不普通的经历。5个子女个个都曾经创业或至今仍在创业。父亲从小教育子女要自立自强,学会生活的本领,深深地影响了子女的成长。

王蔷薇,王蓓的姐姐。初中毕业以后,为了减轻家庭的负担,她早早地做起了赚钱的行当。那时,她只有16岁,跟着裁缝师傅学手艺。在父母看来,学会手艺就会有饭吃,就有了立家之本。蔷薇作为一家之长女,年纪轻轻就挑起了"女大当家"的担子,虽然收入微薄,但毕竟给家里带来了一些收入。

父亲王叶定很早就教育孩子:"长大后,不管你能赚多少钱,一定要学会自立,要吃得起苦。"父亲不仅是这样教育大女儿的,对二女儿王蓓也是如此。后来,相继有了三女儿和两个儿子,父亲的教育一如既往。父亲的谆谆教导,给儿女留下了深刻的印象,让孩子从小树立独立自强的意识。

1983年,蔷薇22岁那一年,在家乡奉化税务场村正对面的金娥村办起了一个服装厂,专门做大衣和风衣。后来,随着中国改革春风吹遍大地,蔷薇的小厂也慢慢地越办越红火,还做起了时装,员工多的时候超过30人。一件件衣服都是靠家用缝纫机做出来的。

那个时候,金娥村也好,税务场村也好,因交通不便,经济状况都不好,都属于贫困山村。有了这个服装厂后,给村里带来了就业岗位,蔷薇因此曾获得"三八红旗手"等荣誉称号,成了山村里的女强人。

但随着市场竞争越演越烈,蔷薇的服装厂走了下坡路,经营状况越来越差。到了1996年,蔷薇决定改做专卖店。那时,品牌服装风生水起,于是她在浙江台州临海开起了杉杉品牌服装专卖店。至今,这个专卖店还在继续经营,不过蔷薇因年纪大了,把服装店转给了丈夫的外甥。

王苏维,王蓓的妹妹。苏维的性格安稳,立足家乡,从未出过远门。在改革开放的时代里,她也有了创业的劲头。她靠山吃山,做起了"绿色工程",专门种植各种花木。地方经济快速发展,各项绿化工程的配套建设曾带动了花木的热销,苏维的生意一时很红火。她的性格也有点像她的二姐王蓓,认准的事不会轻言放弃。眼下,中国正处于经济的调整期,花木经营状况虽然不甚理想,但她还是没有放弃多年走下来的经营项目。

2008年,王蓓投资建设的宁波丘盛服饰有限公司的生产厂房落成以后,苏维在兼管自己花木生意的同时,帮助姐姐做起了丘盛服饰的总经理,主管出口产品的生产业务,同时也承接外来单子。在工厂里,工人们习惯叫她"王厂长"。从外表看,这个"王厂长"与正在工作的工人没什么两样。"王厂长"身上围着一个大兜,东奔西走的,一直在检查生产的各个环节。如果你要找"王厂长",最好去车间找。她真像二姐王蓓,是个闲不住的人,习惯实实在在地做事。

王基炜,王蓓的大弟。基炜的个性更像二姐王蓓,爱挑战,不求安稳,喜欢外出闯荡。早些时期,基炜与三姐苏维联手,承接绿化工程。苏维提供各种各样的花卉和树木,由基炜安排人手,完成种植任务。公园、学校、社区等区域都有姐弟俩的承包工程,只要哪里有工程,基炜就会奔向哪里。繁忙的时候,一整年他都在外面奔波。

每个绿化工程移交之前,还需要一年内的保养期,以确保花木成活。这保养的工作自然由基炜负责。做每项工程都得完完整整,做生意不仅求质量,还得求声誉。该做的事情总要做到位。花木种植看起来是粗活,但如果不注意细节,就难以保证成活。"粗"中还得有"细"。

后来,出现过一段工程的"空荒期",基炜就跟着房地产开发的老板跑到了江西,在新建的区域里承包一些绿化项目。

基炜是个不安于现状的人。有了一定的资金积累后,他想大展宏图一番。于是,矿产开发项目进入了基炜的视线。基炜多么想像二姐一样闯荡一番。就在2008年,基炜去了安徽,投资承包了一处铜矿开发地。但由于意外原因,至今无法正常运行。目前,一家上市公司看准了这个铜矿开发地,正在与基炜洽谈合作事宜。

王明吉,王蓓的小弟。明吉的个性稳扎稳打。明吉从小在税务场村成长,昔日破旧的山村房屋,在新村开发过程中逐步消失。如今,明吉已住上了宽畅明亮的山间别墅。明吉的性格像三姐苏维,在安逸中求生存求发展。

看着三姐种起了花木,明吉也萌生了创业的心态。大姐蔷薇最早开办服装厂,二姐王蓓早早地被大姐的创业劲儿所打动。一家子姐妹兄弟都一个个先后成了创业者。榜样的力量是无穷的,"女大当家"有了新的含义。

在税务场村里一块3亩大小的土地上，开放着红、黄、蓝等各色鲜艳花朵，就像一幅绿色的风景画。这里就是明吉建在自家村的花木种植基地。本村的基地实在太小了，为此，明吉在外村租了200亩土地，搞了一个大的培育基地。有了自己花木的培育基地后，明吉先从小项目做起，逐渐积累经验，承接的项目从小到大，直至能做超大项目，比如宁波北仑港码头的绿化项目。明吉立足本土，从无到有，从弱到强不断发展。

王佳味这个名字因有"味道真好"的意思，常被人调侃，后来改为王蓓，但在姐妹弟弟眼里，王佳味仍是王佳味。大姐总是习惯叫她佳味，在弟妹心中，佳味就是二姐。人家问起王家人老二的名字，那就是王佳味。小姑父俞成旗说起这五个姐妹兄弟，总觉得王蓓的经历最为曲折，眼前的事业做得最为成功。她的成功，也助推了弟妹的事业向前继续迈进。从小姑父说话的语气中，能令人感觉到他对王蓓的感慨和由衷的赞赏。

农村情结

放眼远眺，连绵不断的山丘没有尽头。山的一边靠海，山的另一边是一个正在建设中的比亚迪汽车生产基地。周边的马路宽畅整洁。在一条主干道旁，有一个高大的地标建筑，约8层楼高，白色的墙面上端有一个LOGO，下书"奉化滨海新区"6个大字，告诉你已经来到了宁波奉化滨海开发区。这里，曾经是一片海涂，一直往东就是一望无际的东海。远眺四周，都是层层叠叠望不到尽头的山丘。

奉化滨海新区规划面积10.67平方千米，实际使用面积8.8平方千米。站在远处，看到的是一块又一块排列整齐的崭新厂区；走到近处，能听到房顶上传来轻微的换气风扇的转动声，偶尔响起"嘭嘭"的车床撞击的声音。

靠近比亚迪基地的一条大马路对面，透过栅栏，3幢排列整齐的6层宽大厂房和一幢6层办公大楼坐落于一块四四方方的场地上。这里，就是王蓓投资兴建的宁波丘盛服饰有限公司的扩建厂房。沿着围墙四周，种植的各种花木已经长出了一片片绿色。

走进大门，就能看到大门的右边有一块绿地特别醒目。这里，种植的是王蓓年轻时期的记忆：在近2亩的土地上，正生长着各种蔬菜瓜果。一片绿色之中，还有一点一点的红色点缀其间，那是番茄。

王蓓从小在山村长大，农村的情结至今难了。自从新厂房落成以后，她特意留出了一块地。待这块地平整好以后，专门从别处拉来了一车又一车的肥沃黄土。王蓓的小姑丈俞成旗说："当时运黄土的车按百车计，几百车肯定是有的。"如今看到长在黄土上的菠菜、萝卜、玉米、雪里蕻等各类蔬菜，王蓓年轻时期的记忆也同步在这里生根发芽。

田头的活儿平时靠王蓓的小姑丈打理，但王蓓空闲的时候常常走进田里，自己动手摘点瓜果青菜，送到厨师那里，做出可口的菜肴，与员工一起分享，收割上来的绿色蔬菜吃不完，就分给员工带回家。

在田间靠墙的一边，还种上了几支细细的香椿树枝，树枝上已经长出一些嫩嫩的树叶。王蓓很爱吃香椿树叶，每当香椿树枝上长出嫩叶，她就会去摘。"这树叶就要及时摘，老了就不好吃了。"吃了中饭后，作者跟着她来到田间，看着她一点一点地在树枝上摘叶子。

有一次，作者随着王蓓在厂区里走，不知她的用意。突然，她蹲在地上，不知在采什么东西。走近一看，原来在采一种紫红色的野果子，奉化当地人叫它"阿蘵"。这里，曾是一片旷野海涂，如今虽然填上了一层山石，但野果的种子具有强大的生命力，野果种子夹着泥土而来，它的根沿着石缝顽强地钻出地面，长出一片绿叶，并结出一个个果子。

"蔡老师，来吃一个，很好吃的。"

别看王蓓已过花甲之年，但她的童心未泯，儿时的记忆还深深地刻在脑海里。回想起读书的时候，王蓓就像男孩一样，爬到高高的银杏树上采摘树果子。那个时候，生活艰苦，没钱买零食吃，嘴馋了树上去摘啊。家里两个弟弟还小，三姐妹中会爬树的只有胆大的"野小娘"王蓓了。王蓓的性格从小就与村里的大多数女孩子不同。

在田间的一角,有一间简易的房子,大概有20平方米。这是专门为养鸡搭建的鸡舍。

王蓓无法忘记,在小时候,母亲为了让一家人尽量不挨饿,养鸡、养猪、养羊又养牛,舍不得自己吃上一口肉,一心想着换点钱来。如今,王蓓创业成功了,在厂区的一个角落养起了鸡,唤起了儿时的记忆,唤起了对母亲的记忆,仿佛看到了母亲过去辛勤劳作的背影。

这个鸡舍本来是没有的,但看着一只只鸡被外面闯进来的狗咬死,王蓓只得给鸡搭一个简易的棚。小时候,母亲养鸡,用鸡蛋换钱。如今王蓓养鸡,为的是能让员工吃上新鲜的鸡蛋。积累起来的鸡屎还可以作为有机肥,给田间里种植的各种蔬菜瓜果施点肥料,让各类种植物生长得更快更大一点。

生活节俭

节俭是中国人固有的一种传统美德。南宋诗人陆游说过:"天下之事,常成于困约,而败于奢靡。"自古至今,不少名人都说过关于节俭养德的话。

王蓓从懂事起,就受到管家父亲的影响,不敢乱花一分钱。读书的时候,王蓓梦想通过自己的努力比别人吃得好点,穿得漂亮点,但这并不影响从小养成的节俭习惯。节俭从小在她的脑海里烙下了深深的印记。

20世纪80年代,王蓓在海军9403工厂当经营副厂长,有一年冬天她去中国北方出差,为了节省一点公交费用,差点冻坏了一双脚。在家里,受父母影响,王蓓学会怎么省钱。到了工厂里,她作为领导带头省钱。对于一个人来说,节俭的习惯一旦养成,会一直伴随着她的人生。

如今,王蓓已经闯出了属于自己的一番天地,但平时生活从来不追求奢侈。从她的衣着上看,平时穿的根本谈不上什么名牌。除了参加重要活动,穿上得体的衣服外,穿着十分随意,有时就是一套非常普通的运动服。儿子蒋岳去了古巴后,王蓓在中国的时间越来越多。她曾嘱咐儿子:"衣服穿着舒服就行,但鞋子一定要买好的。鞋子如果不好,路走多了,脚会痛。"

在古巴,王蓓的二手车被儿子借丢了,后来他们买了一辆新车。每当傍晚的时候,王蓓就会打来一桶又一桶的水洗车子。

"王蓓,你现在这么会赚钱,还自己洗车? 这个事让我来吧。"住在附近的古巴男士,看着她忙忙碌碌,上前来接活。

"你做我做不是一样? 洗车又能活动身体。"

"中国人只知道干活,真是工作狂。"不知古巴男士是贬还是褒。

其实,王蓓舍不得多花一元钱。在古巴,请人洗车,需要支付1美元。车子自己能洗,为何找人帮忙。

一个人在生活上是否有节俭的习惯,不是听其怎么说,而是看其在平时生活中的一点一滴,看其在行动上是怎么做的。中国人生活节俭是传统文化,但节俭也不是中国人的"专利"。英国有人认为,节约一分钱,就等同于产出一分钱,同样懂得节俭的道理。在成功人士中,有不少有关节俭的名言,说的都是一个道理:节俭是财富积累的重要一环,创造财富重要,节俭同样重要。

慈善是灯

慈善是一盏灯,给人间带来光明。一点善心,一点善行,人人都献出一点爱,让爱充满人间。

一个企业家最高的境界就是成为慈善家。可是,企业家做慈善为何一直是有争议的话题? 有人说,企业家做慈善,可以提高企业的知名度,改善企业与政府和公众的关系,开拓企业市场,建立企业文化,增强员工的凝聚力,等等。也就是要通过企业形象的提升,来创造一个友善的社会环境,赢得自身更大的发展。也有人说,企业家在最初的时候可能是一种贪婪,需要从生产链条中获取更多的利润。但是随着财富的积累,最后慢慢变成一种公益和慈善,这就是自我的超越。

不论怎么理解,慈善就是一种关爱,慈善就是一膛炉火,做慈善的人为暖心的炉膛添薪加炭,让炉火生生不息。

2008年5月,王蓓从古巴回到中国,联系贸易采购的事,刚回家乡奉化不久,四川汶川发生了罕见的大地震。她从电视上看到一个个当地百姓遭遇巨大灾难的触目惊心的画面,看到解放军战士奋不顾身地抢险的镜头,内心受到震撼。

"我要去四川捐款。"这是王蓓当时的第一反应。于是她立即联系订票,然而因交通受阻,未能如愿。灾区是去不成了,王蓓就与奉化相关部门联系。在外甥女的陪同下,她来到了奉化救助站,递上5万元现金。

这是王蓓人生中第一次捐款。她刚刚有了自己的公司,底子还不厚。但眼前的大地震,强烈地唤起了她那颗本就善良的心。捐的钱虽然不算多,但表示了自己的一点关爱之心。

刚开始捐款的时候,王蓓是直接用现金捐给急需帮助的人,后来联系上奉化红十字会,就以汇款的方式捐助他人。随着公司的逐步发展,王蓓的爱心捐款也越来越多,资助孤儿院10万元,资助敬老院10万元,资助贫困学子20万元……一笔笔善款流向最需要帮助的地方。其中2013年这一年,王蓓捐献的善款超过了100万元。此外,王蓓还花费600万元,设立了"蓓蕊基金"。

面对王蓓,当问及慈善的一些事时,作者总会听到她说"等会儿",当作者再次请她讲讲做善事的一些具体细节时,得到的依然还是"等会儿",当她实在被作者逼急了,干脆就回复一句:"这有什么好写的。"

王蓓做善事只管一件件默默地做,不喜欢在人前讲这些事。偶尔说上这些事,你听到的也不过是简简单单几句话。其实,她十分珍惜得来的荣誉,因为在她的办公楼里,有一间约40平方米的房间,墙面上挂满了锦旗、牌匾,中间陈列着几十本捐赠证书和各种奖杯。翻开捐赠证书,就能看到本子上写着的5万元、10万元、20万元的捐赠金额。在一本本捐赠证书里,藏着一个个令人暖心的故事。送锦旗和牌匾的,有政府、村委会、社区的,有孤儿院、敬老院、福利院的,还有个人的。"尊老爱幼,品德高尚""帮贫扶困,雪中送炭""敬老亲情浓,爱心暖人间",这是其中三面锦旗上写着的赞誉。

各种荣誉证书摆满了陈列室

政府、单位和个人送来的锦旗挂在墙上

要想听听王蓓做善事的故事,问她本人很难如愿,实在被问急了,最多只讲几句。想听故事还是找其他知情人来说。

2011年12月8日,《奉化日报》刊登过一则由记者鲁威写的报道,大意是这样:

12月6日早上,王蓓走进太平洋酒店会议室,将装有10万元现金的袋子递到市红十字会专职副会长王国其手中,希望能将这笔钱捐给白血病人小胡。

一个月前,她得知蒋家池头村刚做完白血病骨髓移植手术的小胡难以承担后续治疗费用,于是,她决定向市红十字会捐款10万元,用以定向救助。

上个月,王蓓住院动手术,并住在太平洋酒店养病,由于身体还在恢复中,王蓓不能长时间走动,众人劝说她身体好些再捐。但王蓓表示,救人的钱不能拖。于是,就出现了上述的一幕。

据记者鲁威了解,今年上半年,王蓓曾向市福利院捐款10万元,并表示每年去孤儿院看望孤儿,同时资助10名孩子上学。"那天,王蓓凌晨刚挂完点滴,就带病到福利院看望孩子,连胶布都没撕掉。"市福利院院长龚小敏回忆道。

当问起小胡现在怎样,王蓓欣慰地说:"小胡因劳累过度得了急性白血病,后病治好了,如今有了一个幸福美满的家庭。"

奉化红十字会的人问王蓓:"你这么热心做善事,是怎么想的?"

"我捐的不是钱,是一颗心。"王蓓把捐钱看成是人关心人。何尝不是啊!王蓓从小是在吃苦中长大的,深深地感到,一个人遇到困难的时候,是多么渴望得到别人的帮助。她至今记得,当年在奉化森工站拉木头的时候,她是如何得到站长的关心的;在古巴创业处于最艰难的时候,她是如何得到毛易斯·肖王的鼓励和帮助的。处于困苦之中的人,最需要的就是爱心,最需要温暖人心的那一颗心。这一点,王蓓有着深深的体会,也深深地懂得怎么做。自己遭遇困难的时候,是怎样得到他人的帮助,现在有捐献的能力了,她知道该怎么去做。世上有了爱的传递,才会让世界处处充满爱,让世界变得更加美好。

2013年的一天,奉化红十字会为了帮助一个残疾人举办了一场画作义卖活动。那时,王蓓刚好在奉化。她得知这一消息后,赶往现场,当场买下了3幅画,每幅2万元。当问起此事时,王蓓说,这个残疾人当时二十八九岁,他父亲生病去世,母亲年纪也大了,生活相当困苦,他确实需要别人的相助。这3幅画是这个残疾人自己画的,虽然这些画画得不怎么样,但为了让他鼓起生活的勇气,王蓓出高价买下了。买下画后,王蓓还当场宣布了一件事,她正式聘请他为公司的员工,每月按时发放2000元工资,为期5年。聘他为名义上的员工,目的是能给他多一点的帮助,鼓励他自强自立的生活勇气。

熟悉王蓓的人都知道,她看上去不苟言笑,脸上也少有明显的表情。作者刚接触她的时候,总以为她是个性情冷淡的人,接触时间久了,就感觉到,其实她是个十分重情义的人,见不得心酸的事。遇见可怜的人,心里就会感到难受,就会出手相助。

奉化是一个重视教育的地方。当年税务场村虽然交通闭塞,但因为该村办了一个由王正廷创办的"务本堂",让村里的人从小树起了重视教育的思想。王蓓从小在这个村子里长大,深受读书立本的思想影响。如今王蓓创业有成,自然想到捐款助学的事。2012年和2013年这两年,王蓓捐款超过了170万元,其中资助贫困学子就有157个。2014年,王蓓除了捐款,还捐献了价值34万元的鞋子和服装。有一年,宁波余姚遭受特大洪灾,王蓓就向灾区汇去了6万元。2015年,王蓓从朋友圈里听到,有一个小孩得了白血病,朋友们在几百元几千元地捐钱,于是她又凑了上去,送去了6万元。当听到有两个小孩子的父母都离他们而去,靠体弱的外婆抚养的时候,她去实地探望,又放不下心了。她对小孩的外婆说:"在孩子读书之前,我每年会给1万元,作为资助生活的费用,以表示一点心意。"

母亲的慈爱之心深深影响着儿子蒋岳。有一天,蒋岳对母亲说:"我想给宁波大学捐10万元,奖励成绩突出的学生。""这事你尽管去做,自己做主吧。"王蓓看到儿子也开始主动做善事了,心里当然很欣慰。

2010年至2015年,王蓓及其企业所获得的荣誉有"全国孝亲敬老之星""浙江省红十字功勋奖银奖""浙江省红十字博爱功勋奖铜奖""宁波市红十字博爱功勋奖铜奖""奉化市工业企业十家亩产英雄""奉化市爱心企业""奉化市爱心人士"等,有的奖项连年获得。

王蓓的家乡观念还是很重,致富不忘本。从2012年起,她每年组织税务场村的老人去新昌、义乌、杭州等地旅游,其中2016年,她组织村里60岁至66岁的66名妇女游览了中国台湾和韩国。

几年前,她回到故里看望老人的时候,发现村里有一段路不好走,当即与村委会联系,由她出资15万元,委托村干部把这段高低不平的路修修好,以方便老年人行走。

2016年接近年底的一天,王蓓在公司办公楼遇见前来走访的老相识施祥龙。他曾是全国纺织行业500强——宁波针织衫厂的厂长,这位老厂长一见到她,直接对她说,古林镇办了一个敬老院,希望她能出资捐助。当时,作者正好也在她的办公室。她听了这位老哥的一些介绍后,一句话也没说,就在捐资书上签了字,同意向宁波市鄞州区古林镇敬老院捐资30万元。

在税务场村,当与"族长"王汝英谈起王蓓为村里人做的善事的时候,王老进屋拿出了一个本子,上面记载着王蓓所做过的一件件好事。闻讯而来的村民也谈起:"她回到家乡后,每年至少一次组织村里的老人去外地观光旅游,自己创业致富了,没有忘记村里的一批老年人。她是一个懂孝道的人。"

后 记

"您拨打的手机已关机,请稍后再拨。"说好下星期联系,怎么回事?是手机没电了?后与负责财务的余副总联系,作者才知王蓓现正在飞机上。她已过花甲之年,还马不停蹄,真想劳碌一辈子啊!记得有一次,我约她交谈,打电话给她:"王董,明天是否有空。"但想不到才两天不见,竟远在千里。"我正在香港办事。"王蓓清晰而熟悉的声音回荡在耳边。

约见王蓓真的不可超过两天,在这短短的两天里,不知会有什么事冒出来,她又得"跑路"了。虽然儿子蒋岳已经挑起了与古巴贸易的担子,但不时冒出来的国内和国外的一些事,真的还是要她亲临。作者与王蓓接触时间长了,直言不讳地说她:"你整天忙忙碌碌,真是个'劳碌命'。"她听后只是微微一笑:"有什么办法呢?""看到人家每天和和睦睦在一起,我真不如普通人家。"王蓓其实是个十分看重情义的人,如今她已经走过了前半辈子,走过的路是多么曲折,一路过来是多么不易,难道真的没有人生感言?其实她已深深地藏在心里。平时,王蓓很少表露自己的内心情感,更少发出人生的感叹。在听了蒋岳谈论母亲的一些话后,作者对王蓓有了更深刻的认识,一个奋斗者的形象完全立了起来。当作者正在为书名苦苦思索的时候,突然灵光一闪,叫"奋斗者",再合适不过了。难道不是吗？王蓓已经过了退休的年龄，却根本看不到一点卸下重担的迹象，还在不停地奋斗。古巴人叫她奋斗者，在这么多次采访中，她从来没提起过。王蓓是从来不夸耀自己，做了这么多善事，从来没有给作者好好地讲过这样的故事。

古巴人说她为人诚实一点没错，因为她只知道实干，不喜欢表露。

当采访快接近尾声的时候，作者问王蓓在传记的最后是否说上几句，来作个"自跋"。"算了，还是你来写吧。"她说。也是啊，王蓓只知道踏踏实实干实事，却不善于表露自己心声，但有时候会通过发微信来表露自己内心的所思所想。有一次，她给作者发来一个微信消息，是一篇题目为《让心归零》的文章。现节选如下：

> 人生不易，不要笑话别人。家家都有难念的经，人人都有难唱的曲，再风光的人，背后也有寒凉苦楚；再幸福的人，内心也有无奈难处。谁的人生都不易，笑人等于笑己，尊重别人就是尊重自己。谁的人生十全十美，谁的生活没有薄凉，谁敢保证一直都是人生得意。
>
> 金无足赤，人无完人。做人要真诚、谦和、善待别人，温暖自己。人，是活给自己看的，别奢望人人都懂你，别要求事事都如意。苦累中，没人心疼，也要坚强；没有鼓掌，也要飞翔；没人欣赏，也要芬芳。生活，没有模板，只需心灯一盏。
>
> 缘分，不是偶然，要心向心；朋友，不是随兴，要诚对诚；感情，不是儿戏，要惜对惜。相识，不是新鲜，要真对真；懂得，不是随便，要忠对忠。真情本无语，尽在珍惜，尽在真心。
>
> 岁月若水，走过才知深浅；时光如歌，唱过方品心音，爱情因珍惜而美好，友情因真诚而长久，亲情因相依而温暖。
>
> 人与人之间，就是一份缘；情与情之中，就是一颗心。
>
> 人心难懂，知人知面不知心；相遇太美，相爱容易相处难。
>
> 人与人之间的相遇靠缘分，心与心相知靠真诚；人生若有

二三好友无话不谈，不离不弃，可谓幸运。

这篇文章没有署名，不知是谁写的。王蓓的内心，作者有点读懂了。她借用这篇文章，表露自己内心想说的一些话，这就当作她给自己作的结语吧。让人读了这些文字，略微读懂王蓓内心深处潜藏的情感。

2017年6月的一次采访中，王蓓拿着手机给作者看传来的图片："这里将搞一个项目。"她真是一个闲不住的人，正准备与一朋友合作，在墨西哥投资一个旅游休闲项目。听到母亲又要搞新项目，儿子蒋岳首先表示反对。蒋岳担心的是母亲年纪已大，不该再劳累下去了。是啊，王蓓已经不是当年挑青草、拉木头有力气的时候了，是该考虑卸下来，不要再做奋斗者了。然而，母亲的韧性太强了，儿子最终拗不过。最初100万美元的投资到了墨西哥，为了后期的投入，王蓓专门飞赴墨西哥，察看了实地情况。这个项目计划投入3000万美元，初步规划已经出来。

人不可能是完美的，总会有这样或那样的缺点。如果说王蓓有什么缺点，最突出的就是个性太倔了。她认准的事，九头牛也拉不回。蒋岳最清楚母亲的个性，既然无法阻止母亲再次上阵，也只能尽自己所能助上一臂之力，尽可能地分担母亲的压力。

阿 兰

2017 年 8 月